共産主義は必然なのか
（改訂版）

美馬佑造

産經新聞出版

要　約

　マルクスは、共産主義社会は資本主義社会の次に来る社会であり、しかもそれは必然であるとした。さらに、その到来は人間の力によって早めることができるとも考えた。こうした考えを引き出した論理的根拠が、ヘーゲルによる「弁証法」である。彼はこの弁証法に独自の解釈を加え、そして共産主義必然論を主張したと考えられる。また、共産主義という思想は「労働価値説」を前提とした経済学を土台として、経済や社会の諸制度を提唱したものである。そこでの基本的視点は、万人の平等の実現であった。いわば、すべての人の平等を実現することを目的としたのが、共産主義という社会経済体制であったと思われる。

　しかしながら、この主張の内実を検討すれば、そもそも共産主義はなんら必然的な制度ではないし、かつ、提言された社会経済制度はなんら真の平等社会をもたらす体制ではないことが明らかになる。なぜなら、まず弁証法は単なるドグマに過ぎないから、よって、原始共産制

の質的に高められた共産主義社会の出現の必然性という論理は、成立しないこととなろう。次に、労働価値説もドグマであるから、言うところの「搾取論」も成り立たず、とすれば生産手段の国有化という制度は無用の長物ということとなってしまうこととなる。さらに、彼の認識する「平等」という概念は「結果の平等」であるから、真の平等とはおよそかけ離れたものである。よって、分配は見事に不平等を実現させてしまうこととなる。現実に、我々は事実として共産主義体制において体験してき、かつ、しつつあるのである。よって、以下では共産主義思想を成立せしめている論理的根拠につき、それらが成り立たないことを明確にしていきたいと思う。

目　次

　　要約 ……………………………………………………………… 1
　　はじめに ………………………………………………………… 4

序章　マルクスの誤り ……………………………………………… 7
第1章　弁証法は成立するのか …………………………………… 29
　　序文 ……………………………………………………………… 30
　　第1節　今日のヘーゲル評価 ………………………………… 31
　　第2節　ヘーゲル弁証法の成り立ち ………………………… 36
　　第3節　ヘーゲル弁証法の内容 ……………………………… 44
　　第4節　エンゲルス、マルクスの弁証法理解 ……………… 56
　　　1　エンゲルスの弁証法理解 ……………………………… 56
　　　2　マルクスの弁証法理解 ………………………………… 58
　　まとめ …………………………………………………………… 59

第2章　搾取論の本来の意味 ……………………………………… 79
　　序文 ……………………………………………………………… 80
　　第1節　マルクスの主張 ……………………………………… 82
　　第2節　価格は何を示すか …………………………………… 88
　　まとめ …………………………………………………………… 92

第3章　平等思想の誤り …………………………………………… 111
　　序文 ……………………………………………………………… 112
　　第1節　マルクスの平等・自由の理解 ……………………… 117
　　第2節　本来の平等・自由の内容 …………………………… 123
　　まとめ …………………………………………………………… 126

　　おわりに ………………………………………………………… 132
　　参考文献 ………………………………………………………… 150
　　索引 ……………………………………………………………… 156

はじめに

　現在、知識人の多くが、マルクスの考えに惹かれるのは、マルクスの考えた共産主義社会が、一見人間社会に真の平等をもたらすものであり、しかも、単なる思いつきではなく「科学的」な高尚なものであると思い込んでいることによるものだと思われる。すなわち階級対立において、虐げられた革新側が虐げている保守層を打ち負かすことで成立する社会が共産主義なのであり、よってそれは平等社会に違いないと考えているのではと推測される。そして、ソ連が崩壊したのは、ロシア・マルクス主義には不備があったからだとしたり、少なくともマルクスの理念だけは忘れるな、といった考えが、今日まで生き続けてきているのではと思われる[注1]。おそらくこれは、マルクスの考えの全体像を十分に吟味することなく「信じ」てしまったことによるものであろう。とすれば、我々は原点に返って、マルクスの考えをもう一度再検討する必要があると考えられる。以下では、共産主義が必然的に成立するとする考えを引き出したと思われる「弁

証法」とはそもそもどのようなものなのか、そもそも成立するものなのかを、まず検討したい。次に、搾取論の前提になる「労働価値説」は成立するのかにつき、検討していきたい。この、労働者が「搾取」されている状態を解消する手段として、生産手段の国有化が提示され、それを実現させる政治経済体制として考え出されたのが共産主義である。とするなら、搾取論が成立しなければ共産主義という考えは、そもそも不必要なものとなるのである。最後に、マルクスの考える平等は本当に真の平等をもたらすのか。そして共産主義という、いわば「ハルマゲドン」思想を生みだした要因についても見ておくこととしたい。

注
1) 佐藤優氏は『共産主義を読みとく―いまこそ廣松渉を読み直す「ユンゲルス論」ノート』(世界書院、2011年、東京)において、廣松渉氏は「マルクス主義の理念そのものが歴史の屑籠に投げ捨てられてしまうことを懸念」(同書、9頁)されており、さらに「ロシア・マルクス主義の科学主義的態度、西欧マルクス主義の人間主義的態度の双方を排除し、第三の道を切り開こうとする知的野心があきらかにされている」(同書、34頁)とする。ところで、こうした考えは、共産主義制度に修正を加えれば理想の新共産主義社会が実現す

るはずだ、という希望を述べたものと推測できる。そして、恐らく同様の考えを持つ人々が、現在数多く存するものと予想されるのである。

　なお、共産主義思想はある意味必然であった。ヨーロッパではまだまだ封建遺制が残存し、かつ教会の権威も社会を睥睨していた。よって、人々はそうした状況から脱却することを願っていたと思われる。この望みにかなうものが、共産主義思想であろう。ただマルクスは、人間の性質の基本は怠惰であることや、平等の真の状況を理解していなかったため、人々に桎梏を強制する制度を考え出してしまったのである。

序章

マルクスの誤り

ところで、マルクスは、共産主義思想を導出するにあたって、幾つかの誤りを犯したのではと、考えられる。以下、誤りと思われる点を示しておこう。

　1．弁証法という考えは、そもそも誤りなのではないのか。とするなら、誤った説に基づいて提示された考えも、誤りであって成り立たなくなると考えられる。

　2．搾取を解消するために提言された「企業の国有化理論」は誤りではないのか。なぜなら、搾取理論の根拠は、労働価値説によって導き出された考えであるが、労働価値説が導出される根拠は、一物一価論、つまり交換される財にはある大きさの値打ちがあり、それに見合う一つの価格が成立する。しかも、等価交換、つまり、交換が成立するのは「交換される財やサービスが各々等しい値打ちを有しているからだ」という考えを前提としているのである。しかし、交換が成立するためには人々の合意さえ存せば成立してしまうのであり、勿論、何かある等しいものが存在すれば交換されることを説明することがし易い。しかし実際には存在する必要はない。現実に、すべての商品の価格（価値を反映したものと主張されている）は、その時々で大きさが異なるのが普通であるから、現実が一価や等価を否定していることとなるの

である。よって、搾取論は成り立たなくなるから、したがって、共産主義という考えそのものも誤りであることは明白である。

3．マルクスの考える平等は本当に真の平等をもたらすのか、特にマルキストが平等と考える「結果が同じである」という主張も問題である。

なお、共産主義思想の実現のための手段は革命であり、いわば、新約聖書で触れられている「ハルマゲドン」思想、つまり最終的に神と、神を否定する集団とが闘い決着を付ける、という思想と軌を一とする考えである[注1]。しかし、そうした過去をすべて否定する行為は、新しく構築せしめた制度を期得通りには機能せしめ得ない。なぜなら、制度を改めても人間の思想は旧来のままであるから、すぐに制度には修正が加えられ、結果、望んだようには機能しなくなる。また、M・ポランニーが指摘するように、我々は知識を前進させるにあたり、伝えられてきた書物や伝承されてきた口述による知のみならず、我々人間が自覚していない「知」が存し（いわゆる暗黙知）、その「知」も知識の発展の原動力であるから、すべてが新しくなった制度にはこの暗黙知は引き継がれ難いから、基本的に新しい制度は旨く機能するはずがない

のである[注2]。以上から、共産主義社会は資本主義社会の次に必然的に成立する社会経済制度であるという考えには、賛成できない。むしろ、誤った考えであると思われる。

　ここで、共産主義思想が形成される過程を概観しておこう。共産主義が必然であるとしたのは、マルクスとエンゲルスであり、マルクスの『経済学批判』『資本論』やエンゲルスの『空想より科学へ』等の表現から、そのように理解しうると考えられる。まず『経済学批判』においてマルクスは次のように指摘していた。「ブルジョア社会の胎内で発展しつつある生産諸力は、同時にこの敵対関係の解決のための物質的諸条件をもつくりだす。だからこの社会構成をもって、人間社会の前史はおわりをつげるのである[注3]」としている。さらに、「ブルジョア経済は、古代やそのほかの経済への鍵を提供する[注4]」。あるいは、「未熟な社会的条件が、ふたたびかえることは絶対ありえない[注5]」としている。

　つまり、マルクスは、未来に実現される共産主義社会は、いわゆる原始共産制のような未熟な社会ではない、としているのである。では、彼は人類社会の初期の姿をどのようにして考えるに至ったのであろう。おそらく、モーガンの『古代社会』からヒントを得たものと思われ

る。ただ、ここではまだブルジョア社会は敵対的関係を有する社会の最後の形態だとの指摘にとどまっているが、さらにマルクスは『資本論』において「この社会は、自然の発達段階を飛び越えることもできなければ、これを法令で取り除くこともできない。しかしながら、社会はその産みの苦しみを短くし、緩和することはできる[注6]」としているのである。つまり、歴史の発展は法則に従うが、新しい社会は人間の力で到来を早めることは出来るのだとも述べている。よって、マルクスは「共産党宣言」において、資本主義社会の支配者たるブルジョア階級はプロレタリア階級が「強力的に（つまり、強制的に、よって暴力的に）崩壊させよ[注7]」としているのである。よって、マルキストが暴力を肯定する根拠がここにある。もっとも、では何故早めることが可能なのか、についての論理的説明はなされていない。つまり、まさに空想的な主張となっているのである。

　同様に、ブルジョア社会の次には共産主義社会が来ると予想しているのが、エンゲルスである。彼は、「唯物史観と、剰余価値による資本主義的生産の秘密の暴露はマルクスに負っている[注8]」とし、さらに本書の最後で「プロレタリア革命。矛盾の解決だ、すなわちプロレタ

リアートは公共的権力を把握し、この権力を以てブルジョアジーの手から離れつつある社会的生産手段を公共的所有に転化する[注9]」「プロレタリア運動の理論的表現たる科学的社会主義の任務である[注10]」としており、ここにその考えが読み取れるのである。なお、様々な社会主義に対する考えがあるが、サン・シモン、フーリエ、オーウェンは、「三人の偉大な空想（的社会主義）家[注11]」としている。また、「唯物史観」は「社会主義はもはや某々の天才的頭脳の偶然的発見ではなくなって、歴史的に発生した二つの階級—プロレタリアートとブルジョアジーとの闘争の必然的結果と考えられる[注12]」として、結果、革命による社会主義の樹立は必然の一部を構成していると見なしているのである。また、マルクス自身も、エンゲルスの『空想より科学へ—社会主義の発展—』の「フランス語版（1880年）へのまえがき」において、「これは、科学的社会主義の入門書とよぶべきものとなっている[注13]」としている。

　また、エンゲルスは（弁証法による）唯物史観につき「生産、それについで生産物の交換が、一切の社会制度の基礎であ」り、「一切の社会的変化や政治的変革の窮極原因は」「生産及び交換方法の変化のうちに求めなく

てはならぬ[注14]」としており、物的変化の作用が社会変化の根本原因であるとしている。しかし、その物的変化を如何に理解するかは人間の思惟作用であるから、そこには人間精神に負っている部分も存在すると考えるべきであろう。勿論、精神の反作用の存在を認めてはいるが、その程度の作用ではなく、物的側面の変化が先行するとしても、その変化の影響に止まらず人間はより望ましいと思われる状況を考え、それを実現すべく行動するものである。つまり、変化をエッセンスとして見れば、その主体は人間の思惟そのものではないだろうか。物的作用は存するものの、まさに精神こそが変化の形成主体なのではないだろうか。このように、科学的社会主義と主張するマルクスの考えには、様々なドグマが見えてくるのである。なお、簡単なマルクス主義の辞典によれば、科学的社会主義を「マルクス・レーニン主義のこと[注15]」としている。また、毛沢東も「社会主義農業の共有制」は「全世界でも将来そうなるであろう[注16]」と、共産主義は必然であろうことを予想していた。

　そして、想定されていた共産主義社会とは、
　1. 土地所有を収奪し、地代を国家支出に振り向ける
　2. 強度の累進課税

3. 相続権の廃止
4. すべての亡命者および反逆者の財産の没収
5. 国家資本および排他的独占をもつ国立銀行によって、国家の手に信用を集中する
6. すべての運輸機関を国家の手に集中する
7. 国有工場、生産用具を増加し、共同計画による土地の耕地化と改良を行う
8. すべての人々に対する平等な労働強制、産業軍の編成、特に農業のために
9. 農業と工業の経営を結合し、都市と農村との対立を次第に除くことに努力する
10. すべての児童の公共的無償教育、今日の形態における児童の工場労働の撤廃。教育と物質的生産との結合、等々

としている[注17]。

このうち、8の「すべての人々に対する平等な労働強制」については、『ゴータ綱領批判』において、マルクス自身がやや詳しく述べている。即ち、資本主義社会から生まれたばかりの共産主義社会（＝社会主義）[注18]」では、個々の生産者は、働いた労働時間（生産した財の量ではない）に応じて収入を受け取るとしており（よっ

て、労働能力の差が、正しく勘案されなくなる）[注19]、また、「ある労働者は結婚しているのに、他の労働者は結婚していないとか、ある者は他の者より子供が多い等々のこともある[注20]」場合には、受取額に差が生じる。これは不公平だが、仕方がないとする。

このように、共産主義の初期では、分配の不平等は仕方ないとしており、いわば人々に不平等を我慢するように、としていることとなる。よって、ここでマルクスは「結果が等しいこと」が平等としていたのではないか、ということが推測される。しかし、ではいかにして人々に我慢させるかについての具体策は示していない。まさに、欠陥を内胞した「科学的」な社会主義であったのである。ついで、「共産主義社会のより高度の段階において（中略）各人はその能力に応じて、名人はその必要に応じて[注21]」必要物を手に出来ることとなろうとしている。しかし、よく考えると財が余る程存在するとしても、各人が欲しいだけ取得すれば、少なく取得した人々は多く取得した人々を恐らく非難するにちがいないであろう。そもそも、必要に応じただけの量のみを取得するという前提は、性善説に基づいた空想的発想そのものであろう（こうした事態を制御する手段が価格メカニズムなので

ある)。よって、ここまでだけでも、マルクスやエンゲルスのいう「科学的社会主義」は名ばかりで、実体は空想的社会主義そのものに他ならないことが伺えるであろう。

　では、そもそも「科学」とは二人において、どのように捉えられていたのであろう。なによりも、そもそも科学とは一体どのような内実につき、用いられる言葉なのであろう。筆者は以前、科学を定義して「永遠に真理に接近する手段[注22]」としたが、この点、マルクスやエンゲルスは、「単なるドグマではなく合理的に説明し得る思想や理論、および数学的な洞察(本人達は気付いていなかったと思われるが)」としていると考えられる。なぜなら、(弁証法による)唯物論や搾取論によって導出された共産主義思想を「科学的社会主義」と表明しているからである。従って、弁証法や搾取論が成立しなければ、実は科学的な思考ではなかったこととなる。また、エンゲルスは、サン・シモンのいう「科学」とは「学者」のことだと言っているし[注23]、マルクスの共産主義思想が、「科学的社会主義」であると見なす根拠が、「唯物史観」と「資本主義社会での剰余価値の存在を明らかにした点」からであるとしていると考えられるのは、先に見た通りである。一方、マルクスも「本来の社会主義

的および共産主義的諸体系、すなわち、サン・シモン、フーリエ、オーウェン等々の体系」としてこの三人が空想的社会主義思想であるとし、「解放の歴史的諸条件の代りに空想的諸条件が、次第に行われる階級へのプロレタリア階級の組織の代りに、自分で案出した社会の組織があらわれざるをえない[注24]」としており、史的唯物論が科学的に正当なものであるとしているのである。にも拘わらず、マルクスやエンゲルスは、以下で見るように、ここかしこでドグマに基づく論を展開するのである。

さらに、その必然性を強調したのがスターリンであった。スターリンは、「プロレタリア社会主義は弁証法的唯物論から直接みちびきだされる結論である[注25]」とし、弁証法的唯物とは「その方法が弁証法的（つまり、常なる変化・発展）であり、理論が唯物論的（つまり、物的変化が先行し、その影響により次いで意識の変化が生じる）であるからだ[注26]」としている。したがって、彼は社会主義が資本主義に次ぐ必然的な制度であるとしている。なお、社会主義の到来が必然ならわざわざ無理矢理創造しなくとも、待っておれば成立するはずである。従って、この批判にはマルクス主義者は、「少しでも早く桎梏から解放するのだ[注27]」という理由を提言し、論の

破綻を糊塗しようとするのである。ともかく、スターリンはマルクスの論を引用し、マルクスを絶対視した上で、自論を展開するのである。

このように、マルクス、エンゲルスやスターリンの主張が、人々をして、あたかも共産主義体制が資本主義体制の次に来る、必然的な経済社会体制であると信じ込ませるようになったと思われる。しかも、現在においても、そのように信じる人々が次々と生じているのが現実である。ただ、事実として社会主義をとり入れたソ連は崩壊し、再び資本主義体制へと転換したのである。なぜなら、マルクスは初期共産主義（つまり社会主義）において、そこでの分配を労働者の状況を勘案して、当初は分配が不平等になることは仕方がない、としていた。しかし、こうした考えは中途半端なものであり（後述）、有能な労働者の不平等観を引き出し、かつ、能力の低い労働者の怠惰を助長し、結果、連鎖的に生産性を低下させることとなったのである。こうしたことは、ソ連をはじめ、あらゆる社会主義国で実証され、結果として、社会主義は放棄されたのである。なお、中華人民共和国は市場経済を一時導入することで、生産性の低下を防いだのである。

では人々は何故共産主義に執着するのであろうか。そ

れは、一つは資本主義社会が様々な欠陥を有し、しかも資本主義にかわる新しい体制の姿は未だ示されていないからなのではないだろうか。よって、あれほどの欠陥を示した共産主義体制につき、なんとなく憧れを持ってしまっているのではないだろうか。もう一つは、人々が怠惰になったため、少しでも楽をしたいと思いはじめたからではないだろうか。共産主義は、怠惰であってもそれを許容してくれるのである。「平等とは結果を等しくすることである」という誤った平等思想が、共産主義思想への憧れに拍車をかけることとなる。そして、多くの人々が怠惰になった原因は、生産力が上昇したため、あくせく働く必要がなくなったためであろうと考えられる[注28]。しかし、このような安易な考えは危険でさえあるだろう。世界がすべて共産主義体制となれば、人々は人格を否定され、しかもすさまじい生産性の低下により貧困にもあえぐという状況に、長く苦しむこととなるであろう。よって、以下ではそもそも共産主義という体制は何ら必然的な体制ではないし、かつ、そもそも搾取論そのものが誤りであることを示したい。よって、企業の公営化は何ら平等をもたらすものではないことを示していきたい[注29]。

そこで、以下では共産主義思想とはそもそもどのような考えなのか、本当に素晴らしい内容を持つ体制論なのか、なにより、共産主義経済体制は本当に資本主義の次に必然的に成立する経済体制と見なし得るのか等、多くの疑問点につき、できうる限り考えていきたい。結論を先に述べれば、共産主義体制は資本主義体制の次に必然的に成立するような体制でもなければ、求める理想を実現できるような優れた経済体制ではない、ということである。従って、共産主義体制に幻想を抱くのは危険であるということである。以下、順次共産主義思想をもたらした主たる考えが誤りであったことを見ていくこととする。

注
1) 新訳聖書翻訳委員会訳『新約聖書 V―パウロの名による書簡　公同書簡　ヨハネの黙示録―』岩波書店、1996年、東京、241～244頁「ヨハネの黙示録16」（内容は、「近い未来に生じるであろうはずの世界の終末」を意味している）。そのためには、「暴力は、古い社会が新たな社会をはらんだときにはいつでもその助産婦になる。暴力はそれ自体が一つの経済的な潜勢力なのである」[マルクス著、岡崎次郎訳『資本論―I-b』（大内兵衛監訳『マルクス＝エンゲルス全集』第23巻b）大月書店、1965年、東京、980頁]として、明確に暴力革命を肯定している。なお、岩波文庫では、同じ

個所の訳文では、「暴力」を「強力」と訳されている［マルクス著、向坂逸郎訳『資本論（三）』（全9冊）、岩波文庫、1994年（但し、初版は1969年)、東京、398頁］。またエンゲルスも「暴力は、歴史上でもう一つ別の役割、革命的な役割を演じる［エンゲルス著、大内兵衛監訳『反デューリング論』（『マルクス＝エンゲルス全集』第20巻）大月書店、1968年、東京、107頁］」と、マルクスと同じ考えを持っていた。
2) M・ポランニー著、高橋勇夫訳『暗黙知の次元』ちくま学芸文庫〈ホ-10-1〉、2003年12月初版、2018年6月第15刷、東京、96頁
3) マルクス著、武田隆夫他訳『経済学批判』岩波文庫〈白125-0〉、昭和31（1956）年、13～15頁、東京
4) 同書、320頁
5) 同書、329頁
6) マルクス著、向坂逸郎訳『資本論（一）』（全9冊）岩波文庫、1969年、東京、第1版の「序文」16頁。マルクス著、村田陽一訳『モーガン「古代社会」摘要』（マルクス、エンゲルス著、大内兵衛監訳『マルクス＝エンゲルス全集』補巻4、大月書店、昭和52（1977）年、東京、304頁）では、「野蛮人の財産はとるにたらないものであった。粗末な武器、織物、什器、衣服、燧石器、石器および骨器、さらに装身具が、彼らの主要な財産品目である。所有すべき対象がほとんどなかったから、所有欲もなかった。今日人心を支配する力となっているstudium lucre（利潤追求）がなかったのである。土地は部族の共同所有であり、他方、長屋はその居住者の共同の所有であった。所有欲は、発明の緩慢な進歩にともなってふえていった純然たる身廻品にもとづいて、その生まれかけていた力を養っていた。最も貴重と評価された物品は、死亡した所有者が霊界でひきつづきそれを使用するように、死者の

墓に埋められた」とされている。

　しかし、この見解には多くの憶測が入っており、果たして事実であったのか疑わしいのである。現にモーガンは、直前の文章で当時は「まだ食人がおこなわれていた」としており、これは全くのドグマであると考えられるから、論全体にそうした傾向があることは否めないであろう。とするなら、そのような見解から原始共産制の概念を引き出したとすれば、問題が、つまり原始共産制＝無階級社会という推測が成り立たなくなることとなり、マルクスの基本的な考え方そのものに疑問が生じてしまわざるをえないのである。この点、林健太郎氏が既に『史学概論（新版）』で「（マルクスの）発展段階説の事実の適合性が問題となる。（中略）歴史事実の研究が進めば進むほどかつて真実と信ぜられたものが疑われ、（中略）特にローウィの研究はモルガン説を完全に克服したとさえ言われている」と、懸念を表明されているのである（林健太郎著『史学概論（新版）』有斐閣、1970年、東京、105頁）。

7）マルクス、エンゲルス著、大内兵衛他訳『共産党宣言』岩波文庫〈白124-5〉、昭和26（1951）年、東京、55頁。

8）エンゲルス著、大内兵衛訳『空想より科学へ―社会主義の発展―』岩波文庫〈白128-7〉、昭和21（1946）年、東京、44頁。但し、「空想」という訳語に対するもとの語は、「Utopite」である（同書、3頁）。また筆者は、資本主義社会を「市場経済と議会制民主主義を導入した政治経済社会」と認識している。

9）同書、71頁

10）同書、71〜72頁

11）同書、17頁

12）同書、43頁

13）大内兵衛他監訳『マルクス＝エンゲルス全集』第19巻、

大月書店、1969年、東京、183頁。従って、マルクスもエンゲルスも、彼らの提示する社会主義思想は科学的なものであると自負していたことが読み取れる。
14）同書44〜45頁
15）社会科学辞典編集委員会編『社会科学辞典』新日本出版社、1978年11月、東京、25頁
16）毛沢東著、松村一人、竹内実訳『実践論・矛盾論』岩波文庫〈青231-1〉、昭和32（1957）年、東京
17）マルクス、エンゲルス著、大内兵衛、向坂逸郎訳『共産党宣言』岩波文庫、昭和26（1951）年、東京、68〜69頁
18）マルクス著、望月清司訳『ゴータ綱領批判』岩波文庫〈白126-4〉、1975年、東京、34頁
19）同書、35〜36頁
20）同書、37〜38頁。ここで、平等とはどのようなことか、についてのマルクスの理解がうかがい知れる。彼は「能力に応じて働き、能力に応じて受け取る」べきだとしつつ、他方で、収入の大きさが同一であることが平等であるとしているのである。
21）同書、38〜39頁
22）拙著『入門日本商業史』晃洋書房、2003年、82頁。ただ、今では「自然科学的な手法が適用し得る論理的、合理的提言や仮説」つまり、反証可能でかつ実験で適否を確認できるか否かが、科学の本質であると考えている。また、石川幹人氏は「科学的であるか否かを判断する基準は、簡単に言えば、実験や調査研究などで導き出された根拠、すなわちエビデンスを積み上げて再現性を示しているかどうかです」（日経BP「日経ビジネス」No.2054＝2020年8月24日、5頁「有訓無訓―「文系」「理系」の選択は疑問 医療・技術情報を読み解く 科学リテラシーの向上を―」）とされている。とするなら、

人文科学のうち多くが科学足り得ず、単なる論理的整合性に基づく提言という意味しか有しない「学問」であることがわかる。とすれば、今までに積み重ねられた「業績」なるものは、再検討して単なるドグマを取り除く必要があると考えられる。よって、人文系の学問では、その提言が実証できない場合単なるドグマではないかと疑ってみておく必要があると考えられる。

　それでは、自然科学と社会科学はどこに違いがあるのだろうか。自然現象がストレートに自然を体現したそれであるのに対して、社会現象は、自然の一部をなす人間という存在を通して、いわば間接的に出現する現象であるということである。その現象は、人々の合意によって出現し従って、人間という生物に共通的に存するであろう性質が、一つの方向性をもって出現してくるのであり、従って、突拍子もない現象が突然現出せしめられることはない。あくまで合意が成立しうる範囲での方向性、規則性である。しかも、合意は万人が、つまり100人が100人とも成すのではない。従って、現象は徘徊せざるを得ないのである。よって、社会法則とは「人間が何かを欲望し」、その欲望を満たすために「いかなる行動を起すか」という、その行動の方向性そのものを意味することとなる。この時、大多数の人々も同様に行動することが必要であり、これが「合意」と呼ばれるものである。方向性(＝実際行動)、つまりその、人々の行動の束が社会現象であり、それが一定の性質を内包しているなら（例えば、一つの周期性を持つ）、それが社会法則と呼ばれるものである。よって、社会法則をみる場合、単にある事象に対する人間の大きな方向性を見るだけでは不充分であり、その方向性を導いた原因、つまり欲望とは何か（何故生じたのか）、その原因＝要素は、いかなる作用を人間に与え、従って、人間行動の

方向性に影響を与え、よって、法則をいかに成立させるか、を見る、と同時に、その方向性は果たして正しいのか否かをも考察する必要があるということである。しかも、ここで問題となるのは「正しい」とはいかなる意味を指すのか、ということである。その「何をもって正しいとするのか」、あるいは、「それが正しいものとして合意を与えあう要素は何か」につき、人々の合意が存しないなら、判断そのものが不定となり、かつ誤りとなる。だからといって、合意が存するからそれが本当に正しい、とは言い切れない。何しろ、人間社会では多数が認めあったことが「正しい」ということになってしまうからである。とするなら、実は社会科学はその根底に「人間とは何か」ということに対する一定度の解答を有していないと、考察を進めることができないことが判明する。即ち、根底に、「人間の存在意味」に対する一定の回答が必要となるのである。否、進めたかに見えても、実はまことに欠陥だらけの、誤った考察と結論しか導出し得ないであろう。まさに、現在はそうした誤った社会科学が満ち溢れているのである。この時、万人に共通的に合意されうる内容とみなされる（正しいと見なされる）もの、それが「人間の自己保存と種の保存の平等的平穏的存続」という到達への理念なのではないだろうか。これこそが「正しい」と見なされる内実なのではないだろうか。

　社会法則とは、かかる意味での客観法則なのである。とするなら、合意さえ得られるのならその内容は如何様にも変形させうる性質を有していると考えられる。よって、社会法則は常に変化することこそがその本質なのではないだろうか。否、実は社会法則は我々人間が導出可能な法則なのではないだろうか。自然科学における法則は、自然自身が指し示した法則として不変である。しかし、社会科学で導出された法則

は、人間が変化させ得るのである。従って、没価値的な社会科学の考察は、そもそも不可能であり、かつ誤りなのである。そして、法則が変化すれば、前の法則はもはや法則ではないのである。この区分をしなかったがために、社会科学において多くの誤りが導出されたものと考えられる（拙著（『貨幣帝国主義論』晃洋書房、2004年、京都、7～8頁）。

なお『広辞苑』には「観察や実験など経験的手続きによって実証された法則的・体系的知識。また、個別の専門分野に分かれた学問の総称。物理学・化学・生物学などの自然科学が科学の典型であるとされるが、経済学・法学などの社会科学、心理学・言語学などの人間科学もある。狭義では自然科学と同義」（新村出編『広辞苑』第六版、岩波書店、2008年、東京、483頁）とされている。他の辞書では、「一定の対象を独自の目的・方法で体系的に研究する学問。雑然たる知識の集成ではなく、同じ条件を満足する幾つかの例から帰納した普遍妥当な知識の積み重ねから成る。広義では社会科学・人文科学を含み、狭義では自然科学を指す」（山田忠雄他編『新明解国語辞典』第七版、三省堂、東京、259頁）としており、また、経済学の事典では、「自然および人間社会の事物・過程の構造・機能、性質・連関などを究明しようとする人間の精神的活動の最高の形態およびこの活動の所在である体系的な理論的知識」（経済学辞典編集委員会編『大月経済学辞典』大月書店、1979年、東京、69頁）とされている。他に「事物の構造や性質や法則を探求する人間の理論的認識活動、およびその所産としての体系的理論的知識」（森宏一編集『哲学辞典』青木書店、1971年第4版5刷、東京、53頁）とされているケースもある。次に教科書（濱田嘉昭他著『科学的探究の方法』放送大学教育振興会、2011年、9～10頁）においては、『広辞苑』で掲載された内容をもって定義とさ

れているようである。
23) 同書、23頁
24) マルクス、エンゲルス著、大内兵衛訳『共産党宣言』岩波文庫、昭和26（1951）年、東京、81頁
25) スターリン著、マルクス＝レーニン主義研究所訳『弁証法的唯物論と史的唯物論』国民文庫〈205〉、1953年、東京、94頁
26) 同書、55・62・74～75頁
27) マルクス自身も、そのように考えていたと思われる。（注7参照）
28) 今日、「自助、共助、公助」という考えを否定し、まず公助を実現せよ、と主張する人々が増えてきた。しかし、これらの人々は、自身が怠惰の思想に染まっていることに気づいていないのではと、危惧されるのである。
29) ここで共産主義と社会主義という言葉の意味につき見ておこう。まず、社会主義とは、1. 生産手段の社会的所有を土台とする社会体制、およびその実現を目指す思想・運動、2. 狭義には、資本主義に続いて現れるとされる共産主義社会の第一段階を指す。3. 非マルクス主義的社会主義の運動および思想。マルクス主義の社会主義運動が共産主義運動と呼ばれるのと区別するため、社会民主主義を特にこの名称で呼ぶことがある。生産手段の社会的所有を土台とする社会体制（新村出編『広辞苑』第六版、岩波書店、2008年、東京）。従って、共産主義は、マルクスの主張した、高度な社会主義の段階を指すことが判明する。ソ連邦が解体し、結果、現在ロシアは資本主義に転換している。もともと、共産主義は人間社会で平等が実現され、失業もない理想の社会という考えで、暴力的に無理矢理実現されたものであった。しかし、現実には全体主義による極度の支配被支配の存続と、失業はしないもの

の、極度の生産性低下により質量ともに劣化した貧しさに喘ぐ状況が出現した。従って、その破綻は必然であったと思われる。

　ところが、他方の資本主義社会も様々な問題をかかえている。景気の変動により失業が発生したり、近年では貧富の格差が大きくなり、また、過剰生産による製品の廃棄問題や売れ残り品の廃棄という無駄の常態化や、環境の悪化問題が存在する。現在では、このような資本主義に対する危機感により、共産主義や社会主義に対する憧憬を持つ若い人々が増加してきた。しかし、共産主義に対しては既にハイエクやポッパー、あるいはM・ポランニーといった人々が批判を加え、警鐘を鳴らしてきたところである。

第1章

弁証法は成立するのか

序　文

　弁証法はあたかも万能の優れた分析手段であるかのように思われている。が、仔細に見ると実に大雑把な意見に過ぎないと考えられる。例えば、弁証法は矛盾律さえ克服する方法論だと提言されることがあるが[注1]、しかし、果たしてこのような弁証法の理解は正しいのであろうか。又、矛盾律を克服したかに見える説明も、内容はそうではなく、例えば、意味論的な解釈での「同一」と説明しているに過ぎない[注2]。また、不確定性原理はあくまで量子についての論であり、実生活社会についてのものではない。よって、論理的な説明はなされていないと考えられる。この他、見田石介氏は「ヘーゲルは弁証法を論理学の方法としているが、科学の方法である[注3]」とされ、また、廣松渉氏は弁証法を「単なる論理学ではなく、存在論および認識論と三位一体的な統一態をなすもの[注4]」とされている。これ以外の弁証法の見方は、様々な蓋然的な説明に終始していると考えられる[注5]。

　そこでまず 弁証法という言葉につき見ておこう。まず、弁証とは「①弁論によって論証すること。また、弁

別して証明すること。②経験によらず、概念の分析によって研究すること[注6]」とされている。また、弁証法（dialectic、Dialektik）とは「問答あるいは対話の技術を意味するギリシア語（dialektikē technē）に由来する[注7]」。一方、ディアレクティケー（dialektikē）とは、「プラトン哲学においては（中略）『対話を通して哲学的探求を行う』という方法を意味する[注8]」とされている。なお、アリストテレスは、「真なる原理に基づく〈論証〉（apodeixis）と対比し、蓋然的ないし常識的な前提に基づく推論と規定している[注9]」としている。

このように、弁証法とは何か、の源流を見れば、古代ギリシャでは「対話・問答法」として、プラトンやアリストテレスの考えに示されるように問題とする目的のテーマを、対話・問答を通して共同的に内容を深める手段、という意味内容であったと考えられる。

第1節　今日のヘーゲル評価

ところで、今日ヘーゲルについてはどのような評価がなされているのであろう。この点、加藤尚武氏の論評を見ておこう。以下はすべて加藤尚武責任編集『哲学の歴

史 7 18―19世紀〜理性の劇場―カントとドイツ観念論』(中央公論新社、2007年、東京) によっている[注10]。

　加藤氏はまず次のように論の前提を示される。「ヘーゲルの自筆原稿と学生のノートが公刊されるようになってわかったのは、ヘーゲルの自筆原稿の完成度が非常に低いと言うことである。1821年の『宗教哲学講義』はほとんど走り書きという程度であるが、どうしてこれほどひどい文章を書かねばならなかったのか、想像に苦しむ[注11]」とされ、よって、そもそもがヘーゲル(1770〜1831)が死んで以後、弟子たちが「ヘーゲル哲学こそ西洋哲学史の頂点である」と説明してきた枠組みがあったからではないかとされるのである。そして、「日本でもそういう枠組みが受け入れられてきた」とされ、「ドイツのカントがイギリスのヒュームを乗り越えたのだから、カント以降の哲学の発展の跡、すなわち『ドイツ観念論』の跡を追うべきだという戦略的軌道に日本の哲学研究は乗っていった。クーノ・フィッシャーやユーバーヴェークの哲学史がすでにでき上っていたということが、日本の西洋哲学研究を定めてしまった[注12]」とされる。さらに「ヘーゲルを克服しようとしたマルクスも『哲学はヘーゲルで完成した。しかし俺はそのヘーゲルより上

手をいっているんだ』という考えだったので、マルクス主義者もヘーゲルを『西洋哲学史の頂点』と見る見方に加担した。さらに実存主義の立場の人々は『理性主義の哲学はヘーゲルで完成した』という考え方を出したので、結局、ヘーゲルで何かが完成したという見方が幅広く支持されてきた。いまの私たちの知識で見ると、ヘーゲルで完成している哲学思想はない[注13]」。とするなら、マルクスやエンゲルスは、共産主義が必然であるというロジックに、弁証法を利用したのではないか、つまり、弁証法を都合よく解釈して利用したのではないかと疑われるのである。ともかく、加藤氏はさらに、「もう一つのヘーゲル像は、ヘーゲルの著作によって作られている。弟子たちは大哲学者というヘーゲルのイメージを作り上げるために、20巻（岩波書店の翻訳本では31冊：筆者）の巨大な全集を作った（『ヘーゲル全集』全20巻32冊、岩波書店）。そのなかでヘーゲルが自分で書き上げた部分は非常に少ない。弟子たちが、ヘーゲルの講義録を編集して、巨大な体系が完成しているかのようなイメージを作り上げた[注14]」。「ズ・アカンプ版著作集だと、12巻までがヘーゲルの自筆の著作で、後の8巻が弟子たちの編集本である。しかし、ヘーゲル自筆本の中にも、弟子た

ちの編纂した講義録が補遺として挿入されている。今日では、ヘーゲルが自分で書いたものだけをもとにしてヘーゲルの思想を組み立て直す作業が続けられている[注15]」とされている。

そして、「『精神現象学』にあたってみたとする。その文章はここに引用したものほどひどくはないが、ヘーゲルが丹念に一字一句を吟味して書いた文章ではない。（中略）ひどい殴り書きなのである[注16]」。「『大論理学』全三冊はヘーゲルが綿密に書き込んだ著作ではないだろうかと思うかもしれないが、この文章もひどい。書店との契約が頁数が多いとヘーゲルの収入が増えるという内容だったので新婚生活を送っていたヘーゲルは無理な増量をした[注17]」。そして、ヘーゲルの原典と翻訳において『大論理学』につき、「寺沢恒信氏は、『大論理学』の中に完成度の高い思索が潜んでいるという期待をもって翻訳に取りかかったのだが、翻訳が完成すると同時に思想的な絶望に陥いられたのではないかと筆者は推測している[注18]」とさえ述べられているのである。「『法の哲学』（1821年）とエンチクロペディ」（初版1817年、二版1827年）はどうかというと、これらはこちらも講義要綱として書かれたもので、ヘーゲルは初めから口頭で説

明を補足するというふれこみで書いているので、これらの書物がそのままでは論述がつながらないという点では定評がある」「ヘーゲルの生前に出版された本は、『精神現象学』『大論理学』『エンチクロペディ』『法の哲学』」など、他いくつかであって、ヘーゲルは非常に寡作な哲学者である。しかも、そのなかには完成度の高い作品は一つもない[注19]」とされている。またヘーゲルは「どんな議論の場面でも、内的に整合的な建築物のような観念体系を作ってみせるということは一度もしていない」とされる。そして、「ヘーゲルの文章は、込み入った不思議な建築のように、細かな道路が張り巡らされている精密な構造になっているとか、エッシャーが描いたようなまっすぐに進んでいくともとのところに戻ってしまう回廊のようだとか、びっしりと概念の塑像で覆われたゴシック建築のようだとかと言うのは、すべてまったくの誤解である。ヘーゲルの文章を解読できない人が作り上げた想像の産物である[注20]」とさえ述べられている。従って「せっかくのアイディアを何も完成しなかった哲学者というのが本当のヘーゲルの像ではないかと思う[注21]」とされるのである。

　では、ヘーゲルが思いついた未完成の「弁証法」なる

変化の仕方について、後の人々はそれを完成させた上で使用しているのであろうか。そうとは思えない。演繹によって秩序立て、論証された書籍に出会ったことはない。あったとしても、広くは知られていないのではないと考えられるのである[注22]。

第2節　ヘーゲル弁証法の成り立ち

ところで、ヘーゲルはどのような思考過程をへて「弁証法」を提言したのであろう。その経過については、加藤尚武氏が詳細に分析されている。以下、加藤尚武氏の論旨の要約である（但し、括弧囲みは筆者の補足部分である）[注23]。

「ヘーゲルは自然と人倫＝人間を比較すると、人倫が優れているとする。なぜなら、自然を代表する太陽と惑星の存在は不統一、つまり、両者は個別に存在するが、人間は、国家と個人が一体として存在しているから（なぜなら、個人は単独では生きていけない）、より統一された存在となっているからである。また、人間は自己自身を直視出来る存在であり、直視するのは精神がなすのであるから、よって精神が自然よりも優れていると言える。

この時、精神は常に自己展開を行っているのである。しかも、自己展開できるのは精神を構成する各要素が、より有機性＝関係性が深いからである。そして、精神でも自然でもない理念（絶対的実在）が、論理［つまり、思考の形式（内容でなく、外から認められるもの、姿＝みかけの姿）、法則（一定の条件下で成立する関係）］という形式の自己展開を遂げると、そこから自然と精神が現れてくる」この「論理が自己展開する仕方」を『弁証法』と名付ける」。

「ここで、真なるものはただ弁証法的運動、すなわち、この自己自身を算出し前進する自己内還帰（本質中の本質を確認すること）の歩みだけである。なお、「命題自身の弁証法的運動」というのは、命題という形式（前出）が否定されることで、命題の中に含まれていた真実＝本質が明らかとなるような運動、という意味である。よって、「弁証法的運動こそが、自然、精神の本質を掘り起こしてゆく手段である」という一連の思考過程で導き出されたのである、とされている。ただ、加藤尚武氏は弁証法の基本運動である「自己内還帰＝自己展開」については触れられているが、「対立物への移行」については詳しくは触れておられないようである。

さらに、加藤尚武氏はヘーゲルの初期の「自然法論文」(1802年) という論文は、いろいろ調べていくと、ヘーゲルのさまざまな発想法はだいたいこの論文に遡っていくことができるので、実際にヘーゲル哲学の成立の場面はここであると言ってもよい[注24]」とされている。そこで、弁証法に関連すると思われる箇所を、示しておこう。

「絶対的な全体存在は自分の各勢位のなかに必然性として留まり、各勢位を踏まえて自分を全体存在として生み出し、この全体存在において先行の諸勢位を反復すると共に後続する諸勢位を先取りもする」「自然は、なるほどある一定の形態の内部では一様な運動によって、とはいっても機械的に単調な運動によってではなく、一様な速さの運動によって進展する。けれども、だがしかしそれは、獲得したある新しい形態をも享受する。すなわち自然は新しい形態のなかにとび込むと共に、そこに留まりもする。爆弾は〔爆発して〕衝激の頂点に達し、次いでこの頂点に一瞬休らうし、あるいは熱せられた金属は蠟のように柔らかになるのではなく、突然融解し、そしてその状態に留まる。というのも現象は絶対的に対立するものへの移行であり、したがって無限的であって、無

限性からあるいは対立するものが無い状態から対立するものがこのように出現することは飛躍だからであり、それにまた新しく生まれた力を持った形態という現実存在は、この形態がほかのものに対する自分の関係を意識する前は、まず第一にそれ自身単独で存在するからである。それと同様にまた成長する個体存在も、それが次第に否定的なものに対し自分を開き、そして突然破滅的に自分が没落するまでは、そうした飛躍の喜びを味わいもし、またみずからの新しい形式を享受し続けもするのである[注25]」。このように、現象は内部の運動により絶対的に対立するものへと移行する、と主張するのである。

　それでは、この考え、つまり「現象は内部の運動による」および「絶対的に対立するものへの移行」は、ヘーゲル自身が独自の思惟により、思い至ったものなのだろうか。実は、この考えは、プラトンの「対話を通して哲学的探究をおこなう」という考え（前文注8参照）、具体的展開としての「線分の比喩」で語られた内容を土台として、そこに、ライプニッツとヘラクレイトスの考え方を付け加えることで成り立っているのではないか、つまり、この三者の考えから、多くを引き継ぐことで生まれたのではないかと考えられるのである。まず、プラト

ンの線分の比喩では「すなわちそれは、理（ことわり、ロゴス）がそれ自身で、問答（対話）の力によって把握するところのものであって、この場合、理はさまざまの仮設〔ヒュポテシス〕を絶対的始原とすることなく、文字どおり〈下に〔ヒュポ〕置かれたもの〔テシス〕〉となし、いわば踏み台として、また躍動のための拠り所として取り扱いつつ、それによってついに、もはや仮説ではないものにまで至り、万有の始原に到達することになる。そしていったんその始原を把握したうえで、こんどは逆に、始原に連絡し続くものをつぎつぎと触れたどりながら、最後の結末に至るまで下降して行くのであるが、その際、およそ感覚されるものを補助的に用いることはいっさいなく、ただ〈実相〉そのものだけを用いて、〈実相〉を通って〈実相〉へと動き、そして最後に〈実相〉において終わるのだ[注26]」とされており、問答によって、いま問題として取り上げられて対象になっている理、つまり概念が、より高次の理解に至るまでの状況が示されている。従って、ここではあくまで対話により、つまり人間がその理解を高めているのである。しかし、ヘーゲルは「概念自身が自身の力で高次のものへと変化する」とする。この「内部の運動」については、ライプ

ニッツの主張に依拠しているのでは、と考えられる。ライプニッツの『モナドロジー』によれば、森羅万象の要素として「モナド」という単一な実体を想定し、「モナドは、発生も終焉も、かならず一挙におこなわれる[注27]」「モナドの自然的変化は内的な原理からきている[注28]」としており、自己展開の考えが既に示されているのである。さらに、「一つの表象から他の表象へ、変化や移行をひき起こす内的原理のはたらきを、名づけて欲求という[注29]」ともしており、「欲求」が「止揚」のヒントとなったのではと、推測されるのである。なお、ライプニッツは「思考の働きは、二つの大きな原理がもとになっている。一つは矛盾の原理」「もう一つの原理は、充分な理由の原理である（充足理由律）[注30]」としており、ライプニッツの考え方では、矛盾は否定されていたのである。ただ、モナドのような単一体の考えは既にギリシャ時代から存し、レウキッポスは「分割できない物体[アトム]群が思慮の働きを欠いた偶然的な運動を受け取り、絶え間なくしかもきわめて高速に運動しつづける[注31]」と述べていたと、アエティオスが語っている。

　一方、ヘーゲルでは現象の変化は、「絶対的に対立するものへの移行」であるとされている。実は、この考え

もギリシャ哲学、特にヘラクレイトスの考えを引き継いだに過ぎないと思われる。ヘーゲルは、『哲学史』において、パルメニデス、ゼノン、ヘラクレイトスが弁証法につき語っていたとして解説しているが[注32]、パルメニデスの主要な主張は、「あるものは多ではなく一だ[注33]」というもので、ゼノアは、アキレスと亀や、静止する矢のほか、計四つのパラドックスを提示している[注34]。一方、ヘーゲル自身が「ヘラクレイトスの命題で、私の論理学の中にとりいれられなかったものはないのである[注35]」としていることから、ヘラクレイトスの考えを取り入れたことは明らかである。

　それでは、ヘラクレイトスはどのような主張をしていたのであろう。内山勝利編『ソクラテス以前哲学者断片集（第Ⅰ分冊）』（岩波書店、1996年、2008年第5刷、第22章「ヘラクレイトス」）によって、それを知ることができる。彼は次のようなことを述べる。

「存在するものは、相反する方向への変化を通じて調和している[注36]」
「あるものは多であるとともに一であ[注37]」る
「われわれは存在しているし、また存在していない[注38]」
「上り道と下り道は同じ一つのものである[注39]」

「海水はとてもきれいで、とても汚い[注40]」
「同じ川に二度入ることはできない[注41]」
「すべては同じであり、同じでない[注42]」
などである。ただし、坂道と同じ川の例は納得できるが、それ以外各々につき納得できる根拠の説明はなく、単にそのように述べているだけに過ぎない。

ところで、ヘーゲルは『哲学史』でさらに次のように述べる。「単純なもの、或いは或る音の繰り返しはなんらの調和でもない。調和はまさに絶対的な生成であって、単なる変化ではないから、調和にはまさに区別、規定的な対立が必要である。本質的なことは、各々特殊な音が互いに異なること、しかし抽象的に或る他者から異なるというのではなく、自己の他者から異なるということ、従ってその意味では両者は一つのものであり得るということである。各々の特殊的なもの（＝個別的なもの）は、自己の反対者が即自に自己の概念の中に含まれているかぎりでのみあるものである。主観性はそれ故に客観性の他者である[注43]」。「各々のものは自己の他者としての他者の他者」であるが故に、まさに両者の同一性があり得るのである。これこそヘラクレイトスの偉大な原理である。それは不可解に見えるかも知れないが、それこそ思

弁的なものである。だから、これは有と非有、主観的なものと客観的なもの、実在的なものと観念的なもの、あくまでも独立なものと考える悟性に対しては常に難題であり、不可解である[注44]」。

　従って、ヘーゲルは即自としての自己がその反対のものを含むとしているのは、単にヘラクレイトスがそう語っているからだ、としているだけで、ヘーゲル自身がそれにつき論理的に明らかにした上でそう考えたのではないことがこの一文からわかる。勿論、ヘラクレイトス自身も説明はしていない。ここに、ヘーゲルの論の誤りの根本が存すると考えられる。つまり、単なるドグマとしての見解を、あたかも真理そのものであると誤解したのでは、ということである。このドグマを「真理」として証明しない限り、弁証法は成り立たないであろう。

第3節　ヘーゲル弁証法の内容

　ここでヘーゲル自身の弁証法についての考え方を見ておこう。なぜなら、ヘーゲル以外の後の人々が独自の解釈を、ヘーゲルの弁証法に付加していると思われるから、彼の考えはどのような内容なのかを、まず明確にしてお

く必要があるからである。弁証法の内容の主たるものについては、『大論理学』の最初の部分と最後の部分、および、『エンチクロペディ』の『小論理学』で示されていると考えられる。そこで、まず、『大論理学』の頭の部分から見ていこう。

　ヘーゲルは、弁証法の基本を「高次の理性的運動をわれわれは弁証法と名づける[注45]」としている。そして、『大論理学』の頭の部分では「有、定有、向自有（同じ内容をヘーゲルは、即自、対自、即且対自という語でも示し、分析の多くで用いている）」という概念の運動が語られている（向自有が最高の形態）。ただ見田氏は、弁証法とは存在物の認識の仕方が示されているのである、と指摘される[注46]。ヘーゲルは定有につき「規定された有である[注47]」とし、ここで、有の「或る物はその質の点で他の物に対立するのであり、（中略）この有限的な或る物に対立するものとして最初に現れるこの或る物の否定は無限者（中略）である。そこで次に、この有限者と無限者という二つの規定が最初にとる抽象的な対立は、対立のない無限性に、即ち向自有の中に解消する[注48]」とする。また、「有と無はその統一である定有の中では、もはや有と無としてはない[注49]」ともする。

45

次いで、「質的な有は向自有の中で完成する。向自有は無限的な有である。始元の有は没規定的であった。これに対して定有は止揚（ヘーゲルは、止揚の概念を「止揚という言葉の中には二重の意味があり、『保存する』『維持する』という意味が含まれているとともに、同時にまた『止めさせる』『終らせる』という意味がある[注50]」としている）された有であったので、「定有はまずただ最初の、それ自身直接的な否定を含むにとどまる[注51]」。「向自有においては、（中略）有限性の中で否定は無限性に、即ち措定された否定の否定に推移したのであったから、この否定はいまや単純な自己関係となり、それ故にその否定自身の中で有との和解となる。即ちそれは絶対的な規定有となる[注52]」とする。

つまり、弁証法的には「存在物は有と無を統一的に内包し、今、有が否定（＝止揚）されると無が現れる。さらに、無が否定されると有無が融和された、つまり、矛盾が解消された＝より理解が深められた、有となる。つまり一般的には、このように概念の理解が変化＝進化するのである」とするのである。

なお、『大論理学』の冒頭では「有、無、成」という弁証法の成り立ちの説明がなされる。ここでは、有と無

の統一が述べられ、それを成と称する、とする。弁証法的分析の前提たる「事物がその反対極の性質を内包する[注53]」ことの証明が説明される。

　このあと、一者と多者の論[注54]や、質から量への推移についての論[注55]が展開されるが、すべてヘーゲルの独自の主張を延々と述べたに過ぎず、何らの論理的な真理が展開されているとは見なし得ない。

　このうち、一者多者の論や質から量への転換について、見田氏は「ヘーゲルのごまかし」として批判されている。見田氏は「ヘーゲルは『一者は自分自身のうちに区別を含まないもの』とするが、『自分自身のうちに区別をふくまないような、そんな抽象はありえない』ことは、ヘーゲルが一番強調する[注56]」として、批判される。

　ところで、見田氏のヘーゲルの論のこの箇所の理解は次のようなものである。「一というのは他者を自分から排除する、その他者もじつは一だ」「それで一は二に、多になります。そして反発ということをいいます」「他者を反発することこそ、他者と関係をもっていることだ」「だから、これはまた一つであると、一に牽引することだ」[注57]。「反発が牽引になり一が多に、多が一になる。こうして量へ、純粋の量へ行くわけです。一が多を

反発し、多が一へ牽引されると、そこに一つの、まったく質のない、質的限界のない量の世界、こういうものが出現するのですが、こうして一が多になるわけです[注58]」。「量の一番典型的なものは数ですが、数というものは、単位と集合数、（中略）その単位というのが一です。その一が反発し、牽引したものが、集合数になるわけです。こういうぐあいにして、量へうつってゆきます。これが量へのうつりかたです[注59]」というのが、見田氏の理解である。まさに、一つの解釈ではある。ただ、ここでの論で、ヘーゲルが一を存在の基礎としていたのは、「パルメニデス」の主張を引き継いだだけと思われる[注60]。一方、プラトンの『パルメニデス』の最後には「一があるにせよ、あらぬにせよ、一自身も、他のものどもも自分自身の関係においても、互いの関係においても、どうも、あらゆるふうに凡てのものであるし、凡てのものであらぬし、また凡てのものであるようにみえもし、見えもしないようだ[注61]」と締めくくっている。つまり、「一は多との関係で一を認識できるが、これは、あらゆる他の事象にも当てはまる。よって、あらゆることの認識が、曖昧模糊な状態にあると言えることとなる。これが現実世界である」としていると考えられるのである。ただ、

パルメニデスの論は既にエウデモスによって批判されており、「パルメニデスのいう『あるもの』の対象が、その時々で異なるから、『あるものは一である』ことを証明しているとは言えない[注62]」と論破している。

ここに、ヘーゲルの誤りが存したと、考えられる。ここでもまさにパルメニデスの誤りを正すことなく、自身の論に取りいれてしまったことにこそ、問題が存したのである。見田氏は「ヘーゲルは、まず概念上の本性をつかむ」と彼を評価し、「或るものは他のものである、他のものも或るものである、だから或るものは他のものとはひとしいと、こういうことを最初にいいました[注63]」とされるのである。しかし、まず概念上の本性をつかむことは重要だとしても、肝心のつかんだ本性が的外れであったなら、それ以下の論は到底正しいとはいえないだろう。

ともかく、見田氏はここからさらに「有論全体をみますと」「質と量とは非常に関連していて、量的なものをある程度、変化させますと、はじめは質にかかわりないけれども、やがて質的な変化をきたす。（中略）マルクスが、ヘーゲルの発見した法則であると、そういっています」とされ、他方でヘーゲルは「それが変化してもそ

のものの規定性に影響しないもの、その変化がそのものの質に影響しないもの、そういうものが量なのだ、というのです」ともされ、この論は前後撞着だが、「弁証法的展開では、こうした前後撞着がどうしても必然なのです[注64]」と、弁証法的な観点からは、矛盾も許される、とされているように読み取れる。しかし、量から質への転化の事例として示されたものは、到底認められるものではない。例えば、水が氷になったり水蒸気になったりする事例では、水の内部の要因が変化をひき起こすのではなく、熱量という外部から与えられた要因によって固体や気体に変化せしめられている事例に過ぎない。これは、明らかに「存在の自己展開」という弁証法的理解の基本とは異なる現象である[注65]。また、これが法則であるとするなら、あらゆるものに適用されねばならないが、井尻正二氏も指摘されるように、量的変化が存さなくとも質的に異なる化学物質が存することを明らかにされている[注66]。よって、この弁証法的な法則なるものも、今一度吟味する必要があるだろう。

　次に、『大論理学』の最後では、「絶対的理念」という項目で、弁証法が語られる。「始元となる具体的全体性は、（中略）それ自身の中に進行と発展との始元を持っ

ている[注67]」とする。そのことによって、自己展開をするのである、ということであろう。しかし、単なる概念が独りでに意味合いを高めていくことなど、在るわけがない。あくまでそれを行うのは人間である。とするなら、自己展開が否定されたこととなるから、ここでも弁証法の成立は否定されてしまわざるを得ないこととなってしまう。また、「弁証法とその結果とは、その問題としている対象または主観的認識だけに係わるものである[注68]」としているから、弁証法の基本が認識にあることが判明する。なお、『大論理学』の最後では、「純粋な概念としての論理学の中で、自分自身の最高の概念を見出すことになろうとするものなのである[注69]」としているから、ここに弁証法の実践の帰結が読み取れると考えられるのである。

　なお有無の統一や、有、無、成の関係については、『小論理学』でも触れられている。まず、「純粋な有【あるということ】がはじめをなす。なぜなら、それは純粋な思想であるとともに、無規定で単純な直接態であるからであり、第一のはじめというものは媒介されたものでも、それ以上規定されたものでもありえないからである[注70]」。しかし、この純粋有の定義は、ヘーゲルが独自

に主張したもので、それが事実として成立するか否かの証明は、果たして可能なのか甚だ疑問である。「純粋な有は純粋な抽象、したがって絶対に否定的なものであり、これは同様に直接的にとれば無である[注71]」と、有無は等しいと述べられるが、抽象が何故否定的なのか、それが何故無と同じなのか、については、納得のいく説明はない。

次に、「誰でも成の表象を持っており、また成が単一の表象であることを認めるであろう。更に、その表象を分析してみれば、それが有という規定のみならず、その正反対の無という規定をも含んでいることを認めるであろう。そして更に、この二つの規定が成という単一の表象のうちにあって不可分であること、したがって成は有と無との統一であることを認めるであろう[注72]」とするが、ここでの論もただ「そう考える」と言っているだけで、その論理的な説明はなにもなされていない。

さらに「成は有および無の成果の真の表現であり、両者の統一である」「定有はこれに反して自己のうちに動揺を持たぬ統一、あるいはそうした統一形式のうちにある成である。定有はそれゆえに一面的であり有限である。対立は消滅したように見え、それは統一のうちに即自的

にのみ含まれていて、統一のうちに定立されていない[注73]」「有は無への移行であり、無は有への移行であるという命題、すなわち成の命題には、無からは何も生ぜず、或るものは或るものからのみ生ずるという命題、すなわち質量の永続性の命題、汎神論の命題が対立している。古代人は簡単に或るものは或るものから生じ、無から生じるものは無であるという命題は、事実成を不可能にしている」と考えた。というのは、この命題によれば、或るものがそこから生じてくるものと、生じてくる或るものとは全く同じものだからである。ここに見出されるものは抽象的な悟性（対象を固定的にとらえ、他との区別に固執する思考能力[注74]）的同一の命題に過ぎない。しかし不思議なのは、人々が今日なお無からは何も生じないとか、或るものは或るものからのみ生じるというような命題を、それが汎神論（あらゆるものに神が宿り、一切万有は神であり、神と世界とは本質的に同一であるとする宗教観、哲学観[注75]）の基礎を成しているということには少しも気づかず、また古代人がすでにこうした命題を考察しつくしているということも知らずに、平気で説いているということである[注76]」としている。しかし、古代人とはヘラクレイトスのことと思われるが、既に見

たように、単に意見を述べただけに過ぎず、ヘラクレイトスは論の根拠は何も説明していない。よって、先述したようにヘーゲルは、ヘラクレイトスの主張を何の批判もなしに取り入れるという過ちを犯しているのである。

　さらに「定有」として、「成のうちにある、無と同一のものとしての有、および有と同一のものとしての無は、消滅するものに過ぎない。成は自己内の矛盾によってくずれ、有と無が揚棄されている統一となる。かくしてその成果は定有である[注77]」「否定的にみれば、変化させられるものは他のものであり、それは他のものの他のものになる。このようにして有が否定の否定として復活させられる。この有が向自有である[注78]」「向自有は、自分自身への関係としては直接性であり、否定的なものの自分自身への関係としては向自有するもの、すなわち一者である。一者は自分自身のうちに区別を含まないもの、したがって他者を自己から排除するものである[注79]」「量は、規定性がもはや有そのものと同一なものとしてでなく、揚棄されたものあるいは無関心なものとして定立されている純有である[注80]」としているが、ここでの論は、『大論理学』の論と、同様である。

　以上、ヘーゲルの弁証法に関わる説明部分を見てきた

が、論の当初の箇所で誤りが存すると思われ、とするなら、ヘーゲルの提唱する弁証法なるものは根本的に成立し得ないこととなってしまうこととなる。ヘーゲルの立論を見ていこう。

　まず、「有、純粋有、それ以上の一切の規定をもたないもの。（中略）有は純粋の無規定性であり、空虚である[注81]」。一方、「無、純粋無（中略）完全な空虚性であり、全くの没規定性と没内容性である[注82]」とする。よって「この意味で、無は純粋有と同一の規定であり、（中略）従って一般に純粋有と同一のものである」として、純粋有と純粋無は同じものだと主張するのである。つまり、有ではそこから無規定の純粋有を取り出し、無からは同じく無規定の純粋無を抽出し、よって純粋有も純粋無も無規定として同一であると論ずるのである。しかしながら、果たしてヘーゲルのこのような論の立て方は許されるのであろうか。

　そもそも、無既定と無既定という性質を両者が有するから、有と無が同一であると見なせるのであろうか。あくまで、無規定という性質を両者が有するという点で同一であるというに過ぎない。有の本質と無の本質が等しいとは、言っていないのである。にもかかわらず、注

44で見たように「本質が等しい」としているのである。もし言えるのなら、それを証明しなければならないだろう。またここで、有に何故純粋有が存在するのかにつき、説明は存しない[注83]。無も、同様である。

　またヘーゲルは他の箇所で、「始元（純粋有）は方法の上から見るときは、単純なものであり、普遍的なものだという規定性以外の如何なる規定性をももたない。ところが、このことはそれ自身規定性なのであって[注84]」ともしており、とするなら、先では「有は無規定な存在」としていたにもかかわらず、ここでは「有は規定された存在」としているのである。とすれば、規定された有と、完全なる空虚性という無のどこに共通点を見出すのか、そもそも有と無は異なってしまうから、弁証法的認識の前提たる反対極が統一された概念は存在しないこととなってしまう[注85]。

第4節　エンゲルス、マルクスの弁証法理解

1. エンゲルスの弁証法理解

　当初、エンゲルスはヘーゲルの弁証法を「この強力な、休むことのない思想の推進力は純粋思惟における人間の

意識、普遍的なものの意識、ヘーゲルの神意識にほかならない」と、高く評価しているのである。ただ、エンゲルスはこの時点では弁証法を「思想の推進力」という理解であったことがわかる[注86]。

のち、『自然の弁証法』では、彼は弁証法を「弁証法的法則が自然の現実の発展法則でありしたがって理論的な自然研究にとっても有効である[注87]」として弁証法の法則を「量から質への転化、またその逆の転化の法則」、「対立物の相互浸透の法則」、「否定の否定の法則」、という三法則であるとしている[注88]。

さらに、「弁証法、いわゆる客観的弁証法は、自然全体を支配するものであり、またいわゆる主観的弁証法、弁証法的な思考は、自然のいたるところでその真価を現しているところの、もろもろの対立における運動の反映にすぎない[注89]」とし、さらに「進歩は現存するものの否定として登場してくる[注90]」、との解釈をも示している。よって、客観的弁証法では、自然すべてが従う法則、という一歩進んだ弁証法の理解となっていることがわかる。よってここに、現実社会の考えである共産主義が必然であるとする見方が生じたものと考えられる。また、「弁証法は、外部の世界および人間の思考の運動の一般的諸

法則にかんする科学に還元されたのである[注91]」としており、エンゲルスは弁証法を勝手に拡大解釈していることがわかる。

2. マルクスの弁証法理解

一方、マルクスのヘーゲル弁証法の理解は、当初はフォイエルバッハのヘーゲル弁証法の理解を是とし、「1. 宗教と神学から出発し、2. 現実的な、感性的な、リアールな、有限な、特殊なものを定立する。3. 肯定的なものを揚棄し、抽象物であるところの無限なものを復興する[注92]」という理解に同調していた。

のち、マルクスは『資本論』の中で、「弁証法は彼（ヘーゲル）においては頭で立っている。神秘的な殻につつまれている合理的な中核を見出すためには、これをひっくり返さなければならない[注93]」とし、さらにマルクスは弁証法につき、「変化、その発展の法則、すなわち、一つの形態から他のそれへの移行、関連の一定の秩序から他のそれへの移行ということ」「社会の運動を自然史的の過程として考察する。この過程を左右しているのは、人間の意識や意図から独立しているだけでなく、むしろ逆に人間の意志や意識や意図を規定する諸法則なのである[注94]」「生産力発展の程度がちがうとともに、諸

関係は変化し、これを規制する諸法則も変化する[注95]」が、「弁証法的方法にほかならないものではないか[注96]」としている。よって、マルクスは、唯物論的な捉え方も「弁証法的」という見方をしていることがわかる。よって、マルクスやエンゲルスにおいては、一層弁証法の概念が幅広いものとなってしまっていることがわかる。それはまた、エンゲルスも「近代唯物論は本質的に弁証法である[注97]」としていることで判明するのである。

なお、見田氏はマルクスの弁証法理解を、「直観、表象をたえず提起し、それを分析して概念に変えながら展開する」科学の方法であると理解される[注98]。また、ヘーゲルは弁証法を科学の方法であるにもかかわらず、論理学の方法と誤って理解したと批判されている[注99]。

まとめ

そもそもヘーゲル弁証法の考えのエッセンスは何処に存するのであろう。正と反の対立による自己展開、という説明ならば、それは事物の常なる変化（反は内存するなら、常に対立が生じるから）ということであろう。ただ、一般的には変化はある原因が引き起こすと考えられ

るが、この点、あらゆる変化については実証できてはいない。そこで提示されたものが弁証法的変化であったのではないだろうか。自己展開が変化の原因なら、あらゆる変化はこれによって説明可能となる。もしそうなら、自己展開が引き起こされる過程につき、詳細かつ論理的に説明すべきであろう。

　以上、ヘーゲル弁証法を仔細に見れば、その骨格構造としての「有無の統一」そのものの証明が不十分であることは否めず、よってこの「有無の統一」が成立しなければ、有の否定＝止揚による無への移行、無の否定＝止揚による有への回帰による概念のより高次の内容提示（本質中の本質）は、そもそも成立し得ないこととなってしまうであろう。とするなら、ヘーゲルの弁証法に後々付加されていくあらゆる解釈が、架空のものであることとならざるを得なくなるであろう。よって、ヘーゲル弁証法を基に考えられた共産主義思想やその必然論は、そもそも成り立たないのである。我々は今一度「そもそも弁証法とは何ぞや」という視点から、再検討する必要があると考えられるのである。

　なお、最後にヘーゲルの言う弁証法の意味内容についてまとめておこう。「弁証法とは、弁証法的変化、つま

り理念(絶対的存在)が自己展開によってまず自身を正反対のものに変化させ、再び元の理念に戻る、(ただし、以前の理念よりも高められた理念に戻る)という変化の仕方、によって、あらゆる概念を認識していくという、理性の運動のあり方、つまり、認識方法、のことである」。

注
1) 例えば、岩波書店の『岩波哲学・思想事典』において、「弁証法」の項では、「弁証法をめぐるさまざまな議論は究極的にはアリストテレスによって定式化された矛盾律の評価に帰着する。弁証法を矛盾律と両立するものと見なし、そうした立場から弁証法あるいはその解釈を展開する論者もいるが、弁証法が事物の運動・変化の原理と捉えられる場合、その固有性は矛盾律の普遍妥当性の否認に存する。K・ポッパーの、弁証法論者は矛盾律の放棄を求めるが故に科学と合理的思考の崩壊を帰結するという批判もあるが、物理学における不確定性関係を挙げるまでもなく、現代の意味論の観点からしても矛盾律は事実的法則ではなく、第一次的には対話の成立条件として人々が随順する規範的法則である。だがこのことは、矛盾律に準拠して現実的に存在する運動・変化の記述が如何にして可能になるかという問いを提出するだけにとどまることなく、弁証法そのものの、新たな視角からする論理的再構成が課題であることも告知している」。さらに現代的意義として、「ヘーゲルとマルクス、エンゲルスに共通する哲学的

意義に限定するなら、それは連関・関係に基づく変化・運動を事物の汎通的在り方とする存在了解、および認識を事態の措定とその相互主観的な承認ないし拒斥（退ける）と捉える認識了解を定立した点に存する。その射程は現代哲学の大半が未だ旧来の実体主義的存在了解および主観―客観図式に定位する認識了解の埒内に留まっていることから明らかである」（同書、岩波書店、東京、1998年、1462〜1463頁、竹村喜一郎氏担当）とされ、矛盾律放棄の可能性が存するような解説となっている。この点、誤解があるのではないだろうか。なお、この様な誤解を生んだのは、後に見るようにヘーゲル自身にある。また、岩崎武雄氏も、マルクス主義哲学は、「発展というものを把握するのは矛盾律を否定する新しい論理である弁証法による外はない、という考え方が存していることは明かであろう」（同氏『辯證法―その批判と展開―』東大学術叢書、1954年、東京、37頁）とされている。よって、「存在の弁証法の論理がその中に大きな欠陥を有する」（同書、44頁）とされている。また、弁証法（ディアレクティケ）という言葉ほど、曖昧なものはないとして、弁証法という言葉について危惧されるのは、藤沢令夫氏である。氏は「この日本語は正体不明のまま乱用されて、哲学的思考のいちじるしい粗雑化と貧困化に寄与することになったのである」（プラトン著、藤沢令夫訳『パイドロス』岩波文庫〈青601-5〉、1967年、東京、257頁）と指摘されている。

2）意味論で示されるのは、例えば、正と誤の間係は、正を否定する誤という対立概念の存在によって、はじめて正の意味が理解できる、という意味であって、その意味で、正と誤は同一＝同時的に存する必要がある、というだけである。よって、正と誤が両立し得るということではない。

3）参考資料：「Ⅳ弁証法的方法 マルクス」（見田石介著『ヘ

ーゲル大論理学研究』第1巻、大月書店、1979年、東京、「参考資料」5頁

4）廣松渉著『弁証法の論理』（『廣松渉著作集』第二巻）岩波書店、1996年、11頁

5）多くの弁証法についての書籍は、弁証法が成り立つことを前提とした解説書となっている。例えば、岩崎武雄『辯證法―その批判と展開―』（東大学術叢書、1954年、東京）。ここでは、存在の弁証法、つまり、事象については弁証法は成立しないが、認識の弁証法は成立する、とされている。その他、武谷三男著『弁証法の諸問題』（武谷三男著作集 1）勁草書房、1968年、東京。三浦つとむ著『弁証法はどういう科学か』講談社現代新書、昭和43（1968）年、東京。E.V.イリエンコフ著、花崎皋平（はなざきこうへい）訳『資本論の弁証法』合同出版、1972年、東京。中埜肇（なかのはじむ）著『弁証法―自由な思考のために―』中公新書〈322〉、中央公論社、昭和48（1973）年、東京。マーティン・ジェイ著、荒川幾男訳『弁証法的想像力―フランクフルト学派と社会研究所の歴史1923-1950―』みすず書房、1987年、東京。岩崎允胤著『人間と社会の弁証法―社会科学の認識論―』梓出版社、1984年、千葉。山口祐弘（やまぐちまさひろ）著『ヘーゲル哲学の思惟方法―弁証法の根源と課題―』学術叢書、2007年、東京

6）新村出編『広辞苑』第六版、岩波書店、2008年、東京、2544頁

7）廣松渉他編『岩波哲学・思想事典』岩波書店、1998年、東京、1462頁

8）同書、1101頁。なお、プラトンは、「ひとが哲学的な対話・問答によって、いかなる感覚にも頼ることなく、ただ言論（理）を用いて、まさにそれぞれであるところのものへと前進しようとつとめ、最後にまさに〈善〉であるところのもの

それ自体を、知性的思惟のはたらきだけによって直接把握するまで退転することがないならば、そのときひとは、思惟される世界（可知界）の究極に至ることになる。それは、先の場合にわれわれの比喩で語られた人が、目に見える世界（可視界）の究極に至るのと対応するわけだ」［プラトン著、藤沢令夫訳『国家（下）』岩波文庫〈青601-8〉、2008年改版、東京、158頁］と述べている。

9) 廣松渉同書、1101頁。なお、アリストテレスは「分析論前書」で「弁証」を「前提は、矛盾対立の二命題を問うこと」と定義づけている［アリストテレス著、内山勝利、神崎繁、中畑正志編集『分析論前書 分析論後書』（『アリストテレス全集』2）岩波書店、2014年、18頁］。またアリストテレスは『弁論術』（アリストテレス著、戸塚七郎訳『弁論術』岩波文庫〈青604-8〉、1992年、東京）において、「弁証術においては、証明方法の一つは帰納であり、もう一つは推論」（同書、34頁）であるとし、「多数の同じような事例に基づいて或ることを事実そのようであると証明すること」（同書、35頁）が帰納であるとする。「他方、或るいくつかの命題があり、それらが普遍的に、もしくはほとんどの場合に真であることから、他の命題をそれらから、それらとは別に、結論として導き出すことは、弁証術においては推論と呼ばれ」（同書、35頁）る。一方、弁論術における例証は、弁証術の帰納に当たり、説得推論は推論に、そして見せかけの説得推論は見せかけの推論に当たる」（同書、34頁）としている。このように、正当な議論を弁証論、議論に勝つためには詭弁を弄する議論を弁論術と呼んでいるのである。

なお、ヘーゲルはカントを乗り越えた、としていたというが、ではカントの弁証論とはどのようなものであったのであろう。カントは『純粋理性批判』において、様々な用語を使

用しているが、弁証論（カントの場合、ヘーゲルと区別するため弁証法ではなく弁証論と訳される）についても触れている。ただ、新しい用語についてさえ肝腎の定義についてはアリストテレスとは違いはほとんど示されない。結果、文意を正確に把握することが困難となってしまっている。それはともかく、弁証論についてカントは「弁証論は彼ら（ギリシャのソフィスト達）にあっては仮象（偽り・誤り）の論理学にほかならなかった（中略）詭弁術であった」（カント著、篠田英雄訳『純粋理性批判　上』岩波文庫〈青625-3〉、1961年、東京、133頁）としており、これはアリストテレスの「弁論術」と似た意味合いに解釈され得る。また、純粋理性の思惟では、経験に裏打ちされないとアンチノミー（二律背反）を必然的に生ぜざるを得ず、こうした仮象は先験的弁証論によって捜し出し、論理的弁証論で是正する（カント著、篠田英雄訳『純粋理性批判　中』岩波文庫〈青625-4〉、1961年、東京、16・90頁）としているのである。よって、論理的弁証論はアリストテレスの「弁証術」に似通っているように見えるのである。このように、カントの弁証論はアリストテレスの考えに近いと思われる。

　ところで、弁証法につき次のような解説があるが、はたして充分な検討を加えた上での解説なのか、つい疑問に思ってしまうのである。

　「自然、社会、そして思考をふくむ、もっとも一般的な法則にかんする科学であり、実践にとっての方法である。（中略）弁証法は精神の発展法則として、これが全世界を支配するのではなく、物質世界における発展法則であり、これを基礎にして思考の発展法則もなりたつとする。それは、自然、社会そして思考にわたるもっとも一般的法則なのである。したがって、このことから一方には客観的弁証法、他方には主

観的弁証法という二つが区分される。前者は客観的実在そのもののもつ一般的な運動、その構造、および発展にかんする法則であり、後者はこの客観的弁証法が人間の意欲、思考へ反映したものであり、これは人間の弁証法的思考方法および実践方法となって客観世界にたいして正しく対処するためのみちびきとなるものである。唯物論的弁証法は、まず、すべての客観的事物の相互の関連、相互規定があること、およびそれらの事物が不断に変化し、かつ発展していることをみとめるところから出発する。そこに運動の原因をしめす法則（対立物の統一と闘争）、それの構造をしめす法則（量的変化から質的変化への移行、変化）、および、発展にかんする法則（否定の否定）という三つの原則がなりたち、そのもとには、本質と現象、内容と形式、現実性と可能性、必然性と偶然性、普遍と特殊などというカテゴリーによって補充される。主観的弁証法の理論は認識論としてあつかわれ、そこには実践と認識（理論）抽象的と具体的・絶対的真理と相対的真理などの関連、その間の発展関係が明らかにされる。弁証法のこれらの理論はまた、方法の役を果たすものであり、主観的弁証法が、その認識論で明らかにされる認織の発展にもとづいて、客観的弁証法の諸法則ならびに諸カテゴリーをとらえそれを運用することで、科学研究においても社会活動においても、実践をみちびくのである」（古在由重企画『哲学辞典』青木書店、1971年、東京、423頁）。

ところで、こうした理解が導き出されるのは、そもそも「弁証法」が何に対する論理なのか、が曖昧であることに起因すると考えられる。即ち、「弁証法は事物の変化の仕方のありようである」という考え方（こうした見方をしたのが、マルクス、エンゲルスである）や、「科学の方法論」としたのが、見田石介氏であり、「存在論」としたのが廣松渉氏で

ある。一方、寺沢恒信氏は弁証法の根本は「対立物の統一」という視点で現象を理解していくことだとされ、この見方から論理学においても、基本の形式論理学より高度な「論理学」がある、とされた。そして同氏は『弁証法的論理学試論』(大月書店、1957年、東京)において、弁証法的論理学の基本につき説明されるのである。この時、「弁証法的論理学の基本法則は、諸概念の屈伸性が、対立物の統一(という思考形式)にまで到達しなければならない、ということを要求している」(4頁)とされ、判断、概念、帰納と演繹などにつき、「対立物の統一」という状態が成立していることを、示されるのである。ただ、その内容は形式論理学での解説において、その内においてさえ「対立物の統一」という状態が成立しているということを示されるのであり、より踏み込んだ高次の弁証法の内実としてのものではない。本書全体が、弁証法的論理学の基本はこうなるだろうという、予想を示されるに過ぎない。

　例えば、「リンゴは果物である」には、「果物としてのリンゴは、自己自身から区別されており、あらゆる他の果物と同一である」「リンゴという実在的対象は、このようにして同一性と区別との(対立物の)統一である(同書、176〜177頁)」とするが、リンゴ自身はリンゴであり、リンゴから果物という性質だけを分離することはできない(言葉では可能であるが)。よって、「同一」と「区別」はそもそも「言葉」としては分離できても実体としては、「同一」状態以外の存在は有り得ない。ここでの論は、「言葉の上のみの論」であり、実態は「同一」のみが存在するだけである。よって、ここでの論は「対立物の統一」を示した実例とはなりえないと考えられる。ともかく、弁証法が何に対する論なのかさえ曖昧であるから、よって、今や様々な意味内容が付与されてし

まうことに至っているのである。ヘーゲルの主張に立ち返れば、弁証法とは、「概念の自己展開と有無の統一（対立物の統一）」という、概念の存在状態に関する考え方に過ぎないのであるから、この基本に戻って冷静に論を組み直す必要があるだろう。

　また、「対立物の統一」という現象は実社会では成立しないが、その事実を示した形式論理学の矛盾律、つまり、「論理に矛盾が含まれてはならない」という原則は守られねば論は成立し得ない。ヘーゲルの弁証法の論は、もともと概念が概念自身の力で独りでに自己展開するという、架空世界での推論であった。従って幾らでも空想を膨らますことができるであろう。しかし、現実社会となれば話は別である。現実社会では現実社会の原則が成立していなければならない。「弁証法的論理学」が現実社会での論理学であるなら、弁証法的論理学でも矛盾律の原則は守られねばならない。よって、「対立物の統一」という基本法則は、「有無の本質は同一である」［ヘーゲル著、武市健人訳『改訳 大論理学』上巻の一（『ヘーゲル全集』第6巻a）岩波書店、1956年、東京、78頁］という意味内容であるから、矛盾律に反することとなり、寺沢恒信氏の論そのものが架空世界のものとならざるをえない（例えば、量子論での「量子が別々の場所に同時に存在する」という論は、あくまで量子レベルの話であり、そうした現象が量子次元で生じていた同じ時に、現実社会では同じ人間が別々の場所に同時に現れる、ということは生じないということである。つまり、量子力学は、従来の物理学の原則を前提にして成立しているということである）。よって、弁証法的論理学が現実社会を対象としたものならば、形式論理学の原則も実現したものでなければならなくなる。よって、「対立物の統一」という原則は前提にしてはならないのである。た

だ、弁証法や弁証法的論理学が量子の世界では成立する可能性があるのかもしれないと、もしそう思うなら、それらが量子レベルでは成立することを論理的に秩序立てて説明せねばならないだろう。
10）加藤尚武責任編集『哲学の歴史 7 18―19世紀～理性の劇場―カントとドイツ観念論』中央公論新社、2007年、東京
11）同書、445頁
12）同書、356頁
13）同書、356～357頁
14）同書、357頁
15）同書、357頁
16）同書、447～448頁
17）同書、448頁
18）同書、671頁
19）同書、448頁
20）同書、449頁
21）同書、359～360頁
22）ところで、こうしたヘーゲル批判は、既にK・ポッパーによって詳細になされているところである。ここで、ポッパーの主な批判の内容について、若干見ておこう。

　まず、『推測と反駁』（ポッパー著、藤本隆志・石垣壽郎・森博訳、叢書ウニベルシタス95、2009年、東京）において、「ヘーゲルの弁証法は、あるもの―とりわけ人間の思考―がテーゼ、アンチテーゼ、ジンテーゼという弁証法的三幅対と呼ばれるものによって特徴づけられる仕方で発展すると主張する理論である」（同書、580頁）と規定した上で、これが「観念や理論の発展および観念や理論にもとづく社会的運動の発展をかなりうまく叙述している」（同書、581頁）としたうえで、「テーゼがアンチテーゼを「生み出す」という弁

証法的いい方」（同書、583頁）は誤りであって、「実際には、われわれの批判的態度だけがアンチテーゼを生み出す」（同書、583頁）と批判している。この批判は、観念が独りでに自己展開はしないという、ごく当たり前の指摘がなされているのである。また、「弁証法論者たちは（中略）矛盾律を放棄することにより（中略）弁証法が新しい論理学――弁証法的論理学――になる」との主張は、「いささかの根拠もない」（同書、585頁）とし、矛盾が進歩に貢献するとしても、あくまでも「矛盾を決して容認しない」（同書、586頁）ことが前提であるとする。このように、的確な批判を加えているのである。

　また、『自由社会の哲学とその論敵』（K・ポッパー著、武田弘道訳、世界思想社、1973年、大阪。なお、「自由社会」は一般的には「開かれた社会」と訳されている）においてポッパーは、「問題はヘーゲルが自分の霊感的な隠語の催眠にかかって「自分で目がくらんでいるのか、それともかれが大胆にも他人を欺き化かしにかかっているのか、である。わたくしはその後者だと納得がいく」（同書、31～32頁）、「ヘーゲルには仲の良い友人シェリンク（中略）の方法、それはとりもなおさず、あのこけ威しの厚顔しい方法（中略）の真似をした、というよりはそれに輪をかけたことをした」（同書、32頁）とし、ヘーゲルの『自然哲学』の一文を示して「音は物質部分間の特定的と乖離とその否定との交換交替であり、単に、こういう種的存在の『抽象的』、いわば観念的な『同一性』にすぎない。（中略）発音体の発熱は、打撃されたまに擦り合わされた物体の発熱の如く、概念上は、音響と共に発生する熱現象である」（同書、31頁）という「音と熱との関係につき発見した、目を丸くするような内容」だとし、全くの誤りだ、と指摘している。よって「ヘーゲルが大袈裟で

韜晦的(とうかいてき)（くらます）な有難いお題目をあまり真面目にとることは思い止まるよう」（同書、31頁）にと警告すらしているのである。
23）加藤尚武責任編集『哲学の歴史 7 18—19世紀〜理性の劇場—カントとドイツ観念論』中央公論新社、2007年、東京、394〜412頁
24）同書、377〜378頁、なお、「自然法論文」とは、G.W.Fヘーゲル著、松富弘志他訳『近代自然法批判』（世界書院、1995年、東京）のことである。
25）G.W.Fヘーゲル著、松富弘志他訳『近代自然法批判』世界書院、1995年、東京、106〜107頁
26）プラトン著、藤沢令夫訳『国家（下）』、岩波文庫〈青601-8〉、2008年改版、東京、100〜101頁
27）ライプニッツ著、清水富雄、竹田篤司、飯塚勝久訳『モナドロジー・形而上学叙説』中公クラシックス〈W4-1〉、2005年、東京、4頁
28）同書、6頁
29）同書、7頁
30）同書、13頁
31）内山勝利編『ソクラテス以前哲学者断片集』第Ⅱ分冊、岩波書店、1997年、2008年第3刷、東京、53頁
32）ヘーゲル著、武市健人訳『改訳 哲学史』上巻（『ヘーゲル全集』第11巻）岩波書店、1974年、東京、322〜334・338〜385頁
33）内山勝利編『ソクラテス以前哲学者断片集』第Ⅱ分冊、岩波書店、1997年、2008年第3刷、東京、52〜53頁
34）同書、116〜119頁
35）ヘーゲル著、武市健人訳『改訳 哲学史』上巻（『ヘーゲル全集』第11巻、岩波書店）、1974年、東京、362頁

36) 同書、286頁
37) 同書、297頁
38) 322頁
39) 326頁
40) 327頁
41) 335頁
42) 351頁
43) 同書、369頁
44) 同書、369～370頁
45) ヘーゲル著、武市健人訳『改訳 大論理学』上巻の一(『ヘーゲル全集』第6巻a) 岩波書店、1956年、東京111頁。なお、ヘーゲルは理性を「精神である」(同書、5頁) とし、また、「理性的なものは推論である」[ヘーゲル著、武市健人訳『大論理学』下巻(『ヘーゲル全集』第8巻) 岩波書店、1961年、東京、128頁] とする。よって、ここでは弁証法とは「人間の思惟での弁証法的な思考過程」と言う意味となるであろう。ところが、他方でヘーゲルは加藤氏が指摘されるように「論理の自己展開」を主張するのである。『大論理学』中巻において、矛盾は解消されるとして、「積極者と消極者という矛盾する存在は、各々自己否定によって、自己同一的である本質の統一がなされる」[ヘーゲル著、武市健人訳『改訳 大論理学』中巻(『改訳 ヘーゲル全集』第7巻) 岩波書店、1960年、東京、66、68～70頁] として、矛盾として存在するものが、各々が自己自身で止揚して本質が統一された存在となる。つまり、矛盾は解消されるとしているのである。しかし一方で、弁証法的な思考過程を行うのは人間の思惟だ、としながら、他方で矛盾する概念がひとりでに自己展開して矛盾を解消するとしているのである。とするなら、これは、二律背反ではないだろうか。ヘーゲルはこれ以外にも「本質の統

一の説明」において、同様な相反する説明を行うのである（後述）。また、見田石介氏も、ヘーゲルの量と質の論は前後撞着だと指摘されている。だが氏は、「弁証法的展開では、こうした前後撞着がどうしても必然なのです」（見田石介著、ヘーゲル論理学研究会編『ヘーゲル大論理学研究』第1巻、大月書店、1979年、東京、269頁）と、弁証法的な観点からは、矛盾も許される、とされているように読み取れるのである。

46）見田石介著、ヘーゲル論理学研究会編『ヘーゲル大論理学研究』第1巻、大月書店、1979年、東京
47）ヘーゲル著、武市健人訳『改訳 大論理学』上巻の一（『ヘーゲル全集』第6巻a）岩波書店、1956年、東京、117頁
48）同書、117頁
49）同書、134頁
50）同書、115頁
51）同書、189頁
52）同書、189頁
53）同書、78〜79頁
54）同書、211〜213頁
55）同書、220頁
56）見田石介著、ヘーゲル論理学研究会編『ヘーゲル大論理学研究』第1巻、大月書店、1979年、東京、268〜272頁
57）同書、269頁
58）269〜270頁
59）270頁
60）プラトンの「パルメニデス」では、「それは多ではなくて、一でなくてはならない」（山本光雄編『プラトン全集』2、角川書店、1974年、東京、459頁）としている。
61）同書、556頁
62）内山勝利編『ソクラテス以前哲学者断片集』第Ⅱ分冊、岩

波書店、1997年、2008年第3刷、61頁

63）見田氏、前掲書、270頁

64）270〜271頁

65）ヘーゲル著、松村一人訳『小論理学』上巻、岩波文庫〈青629-1〉、昭和26（1951）年、東京、326頁

66）井尻正二著『弁証法をどう学ぶか』大月書店、1991年、東京、16〜17頁。ブタンとイソブタンは分子量はC_4H_{10}で同じだが、分子式は異なり性質も異なる。

67）ヘーゲル著、武市健人訳『改訳 大論理学』下巻（『ヘーゲル全集』第8巻）岩波書店、1961年、東京、365頁

68）同書、368頁

69）385頁

70）ヘーゲル著、松村一人訳『小論理学』上巻、岩波文庫〈青629-1〉、昭和53（1978）年、東京、261〜300頁

71）同書、266頁

72）同書、272〜273頁

73）同書、274頁

74）新村出編『広辞苑』第六版、岩波書店、2008年、東京、1019頁

75）同書、2319頁

76）ヘーゲル前掲書、274〜275頁

77）同書、277頁

78）同書、289頁

79）同書、292頁

80）同書、301頁

81）ヘーゲル著、武市健人訳『改訳 大論理学』上巻の一（『ヘーゲル全集』第6巻a）岩波書店、1956年、東京、78頁。なお、原文は「Sein, reines Sein, - ohne alle weitere Bestimmung.（中略）Es ist die reine Unbestimmtheit und Leere.

（中略）Das Sein, das unbestimmte Unmittelbare ist in der Tat Nichts」である（G.W.F.Hegel『Wissenschaft der Logik』－Ⅰ、Druck:Druckhaus Nomos, Sinzheim ,Printed in Germany ,Erste Auflage 1986 s82）である。

82）同書、78頁。なお原文は「Nichts, das reine Nichts（中略）vollkommene Leerheit, Bestimmun- und Inhaltslosigkeit;」（G.W.F.Hegel『Wissenschaft der Logik』－Ⅰ、Druck: Druckhaus Nomos, Sinzheim ,Printed in Germany, Erste Auflage 1986 s83）である。

83）なお、姜尚暉(カンサンフィ)氏は、「一方の有はただ単純に純粋直接有としてあるのに対して、他方の無はその純粋有の自己止揚によって媒介されて成立する純粋無であるからであ」（姜尚暉著『ヘーゲル大論理学精解』上巻、ミネルヴァ書房、1984年、京都、34～35頁）り、「有は形式的には有であり、内容的には無であった。そして無は形式的には無であり、内容的には有であった。すなわち有は無との即自的な同一性であり、無は有との媒介された同一性であった。そこで「純粋有と純粋無とは全く同一のものである」（同書、35頁）と、有と無は同じであると見なされる。しかし、この説明では、弁証法を前提にされているから、成り立たないと考えられる。なぜなら、証明すべき内容を使って証明したなら、その論は成立しないであろう。

84）ヘーゲル著、武市健人訳『改訳 大論理学』下巻（『ヘーゲル全集』第8巻）岩波書店、1961年、東京、363頁。なお、原文は「Der Anfang hat somit für die Methode keine andere Bestimmheit als die, das Einfache und Allgemeine zu sein; dies ist selbst die Bestimmtheit,」（G.W.F.Hegel『Wissenschaft der Logik』－Ⅱ、Druck:Druckhaus Nomos, Sinzheim, Printed in Germany ,Erste Auflage 1986 s554-

555)である。
85）現実的な論とは、対話の形式のことである。対話では、Aなる人がXなる主張を行い、次に、Bなる人がYなる反論を行い、この議論の経過を経て、XでもYでもないZというより優れた主張が成立することとなる。我々は、弁証法によらずともこのようにして思想内容を高めてきたのである。この点、シュライエルマッハーが言う弁証法は「対話によって諸学問を媒介する知の遂行術・生成術という性質をもっている」（加藤尚武責任編集『哲学の歴史—7』（理性の劇場、18〜19世紀、カントとドイツ観念論）中央公論新社、2007年、東京、601頁）と指摘されている。なお、弁証法的変化を示す言葉として、ヘーゲルは「有、無、成」「有、定有、向自有」「即自、対自（向自）、即且対自」「普遍、特殊、個別」を使用している。一方、巷には、「正、反、合」という言葉が、あたかもヘーゲルが述べたかのように使用されている。
86）エンゲルス著、真下信一・宮本十蔵訳「シェリングと啓示——自由な哲学にたいする最近の反動的企画への批判——」［大内兵衛監訳『エンゲルス初期著作集』（大内兵衛他監訳『マルクス＝エンゲルス全集』41巻）］大月書店、1973年、東京、235頁
87）エンゲルス著、菅原仰訳『自然の弁証法』Ⅰ、国民文庫、1970年、66頁
88）同書、65頁。なお、マルクス主義者は、弁証法の適用された例として、人間社会はもともと「原始共産制社会」であったが、弁証法的に見れば、よって、やがてより高度ないわゆる「共産主義社会」が到来するのは必然だ、と主張するのである。その根拠が、エンゲルスの弁証法の理解と彼の『家族、私有財産および国家の起源』での、「九　未開と文明」で記された、未開社会の低い段階での世帯が「いくつかの家

族、しばしば多数の家族の共産主義的世帯である。共同でつくりまた利用する物は、共有財産である」[エンゲルス著、村田陽一訳『家族、私有財産および国家の起源』(大内兵衛監訳『マルクス＝エンゲルス全集』21巻) 大月書店、1971年、東京、159頁]という一文によっているものと推察される。勿論、エンゲルスもそのように考えたであろう。しかし、弁証法の実体を見れば、疑問を呈せざるを得ないし、また、原始共産制の実体も、全くの憶測に過ぎないことが読み取れ、こうした主張は、単なるドグマに過ぎないことが見えてくるのである。

89) エンゲルス著、菅原仰訳『自然の弁証法』Ⅱ、国民文庫、1970年、286頁

90) 同書、287頁

91) エンゲルス著、マルクス＝エンゲルス8巻選集翻訳委員会訳『ルートヴィヒ・フォイエルバッハとドイツ古典哲学の終結』(『マルクス＝エンゲルス選集』第8巻) 大月書店、1974年、東京

92) マルクス著、真下信一訳「ヘーゲル弁証法と哲学一般との批判」[マルクス著、大内兵衛監訳『マルクス初期著作集』(『マルクス＝エンゲルス全集』第40巻)] 大月書店、1975年、東京、492頁

93) マルクス著、向坂逸郎訳『資本論(一)』(全9冊) 岩波文庫、1969年、東京、第2版の後書32頁

94) 同書、29頁

95) 同書、30頁

96) 同書、31頁

97) エンゲルス著、大内兵衛訳『空想より科学へ―社会主義の発展―』岩波文庫、昭和21 (1946)年、東京、41頁

98) 参考資料:「Ⅳ弁証法的方法　マルクス」(見田石介著、ヘーゲル論理学研究会編『ヘーゲル大論理学研究』第1巻) 大

月書店、1979年、東京、5頁
99) 参考資料：「Ⅳ弁証法的方法　ヘーゲル」（見田石介著、ヘーゲル論理学研究会編『ヘーゲル大論理学研究』第1巻）大月書店、1979年、東京、5頁

第 2 章

搾取論の本来の意味

序　文

　次に、マルクスは理想社会としての共産主義につき、その中心に国有企業による生産体系を主張した。なぜなら、資本主義社会での私的生産では、労働者は労働者が生み出した剰余価値が「搾取」されており、したがって搾取を解消するための手段として生産手段の国有化が主張され、これは重要な意味を持つものであった。

　ここで、では搾取とは何を意味するのであろうか。搾取とは労働価値説によって導出された概念としての「剰余価値」というものが、働きもしていない資本家の手にわたることを指している。ただ、ここで注意すべきは、剰余価値は資本家が労働者から無理矢理取り上げる、例えば鞭で叩いて、無理矢理取り上げる、といったことではなく、気づかないうちに、当たり前のように取り上げられてしまう、といった状況を言うのである。それでは、こうした考えは現実社会に実在する現象なのであろうか。そもそも価値の実在を前提とした「理論」は、成立するのであろうか。以下、こうした点を中心に考察していきたい。

ところで、「価値」という概念が生じたのは、恐らく価格に大小が存するという事実につき、では何故そのような事態が生ずるのか、という疑問への回答として生じたのではないかと思われる。価格の大小はまず、その財の入手の困難度の大小ではないか、と考え、困難度が大きければ投下される人間労働も大きい。ただ人間労働の大小（量と質）の比較は難しいから、人間労働が生み出す「何か」を共通のものとして考え、結果、「価値」という概念に行き着いたものと思われる。よって、価格が高い財には大きな価値が存するということとなったと考えられるのである。こうした価値概念を前提にすれば、財には定まった価値量が存するのだから、その大きさに応じて価格の大きさも定まるだろうとされる。よって、一物には一価が定まる、という考えが成立する。また、交換は等価交換が当然のこととなる。でなければ、不公平となるから人々は交換に応じることはないだろうと、予想することとなるからである。ともかく、こうした労働価値説、一物一価、等価交換を前提にして考え出されたのが、マルクスの経済学である。彼の主張にはさらに人間の行為の自然科学的な理解、つまり、数式での等号（＝）は、左辺と右辺で示される量が同じであることを

意味している、ということも、前提とされているのである。

第1節　マルクスの主張

　搾取論の考えの基本は、「労働者は労働力の価値に等しい大きさの賃金を受け取っているにも拘らず、労働が生み出すのはそれ以上の価値なのであり、それを剰余価値という。ところが、この剰余価値部分は資本家が取得してしまう」という状況を指している。すなわち、『資本論』では、「労働者は、労働過程のある期間中は、彼の労働力の価値を、すなわち彼の必要な生活手段の価値を、生産するにすぎない[注1]」。また、「この時間中（必要労働時間中）に支出される労働を必要労働と名づける[注2]」「労働者が必要労働の限界をこえて労苦する労働過程の第二の期間は、かれの労働を、すなわち労働力の支出を要するには違いないが、しかし、彼のためには、何らの価値をも形成しない。それは、（中略）資本家に笑みかける剰余価値を形成する。労働日のこの部分を、私は剰余労働時間と名づけ、そしてこの時間内に支出された労働を、剰余労働（surplus labour）と名づける[注3]」。「この剰余労働が、直接的な生産者から、労働者から搾

り上げられる形態こそ、種々の経済的社会形式を、たとえば奴隷制の社会を、賃金労働の社会から、区別するのである注4」。この考えにより、資本家が取得している剰余価値部分を労働者の手に取り戻し、労働者に公平に分配しようというのが、マルクスの考えた共産主義（マルクスの考えでは、共産主義の初期の状況を社会主義という）思想なのである。ここに、生産手段の公有化、つまり、国有企業という発想が生じることとなる。

　それでは、この搾取という事象は実在するのであろうか。そもそも、労働価値説に基づくマルクス経済学は成り立ちうるのであろうか。そこで、マルクスの労働価値説の主張を見ていくこととするが、すでに『貨幣帝国主義論』で指摘した内容で示しておきたい注5。マルクスも、労働価値説にのっとり価値論を展開する。彼は、スミスとリカードの価値説を受け継ぎ発展させたとされるが、むしろ内容的には主要点をリカードの考えにほとんど依拠していると考えられる。ベーム・バーヴェルクが指摘するように、マルクスは稀少性のある財を商品から除外して論を進めるが注6、この手法はまさにリカードが執った方法と同じ手法なのである注7。

　ところで、マルクスも財の価値につき、財には使用価

値と交換価値が存するが、交換価値は時々でその大きさを変える。従って、財にはさらに不変の価値が存在するはずだ、としているのである。即ち、「一つの物の有用性は、この物を使用価値に[注8]」し、「交換価値は、まず第一に量的な関係として、すなわち、ある種類の使用価値が他の種類の使用価値と交換される比率として、すなわち、時と所とにしたがって、たえず変化する関係として、現われる[注9]」とする。そして、「商品の交換価値も、共通なあるものに整約されなければならない[注10]」とする。この共通のあるものとしてマルクスは人間の労働をあげる。「ことごとく同じ人間労働、抽象的に人間的な労働に整約される[注11]」と。そして、「これらの物は、お互いに共通な、この社会的実体の結晶として、価値―商品価値である[注12]」とする。そして、この人間労働には差が存するから、従って価値をもたらすのは「これら個人的労働力のおのおのは、それが社会的平均労働力の性格をもち、またこのような社会的平均労働力として作用し、したがって、一商品の生産においてもただ平均的に必要な、または社会的に必要な労働時間をのみ用いるというかぎりにおいて、他のものと同一の人間労働力なのである[注13]」とし、「社会的に必要な労働時間とは、現に

存する社会的に正常な生産諸条件と労働の熟練と強度の社会的平均度とをもって、なんらかの使用価値を造り出すために必要とされる労働時間である[注14]」とされている。そして、「ある使用価値の価値の大いさを規定するのは、ひとえに、社会的に必要な労働の定量、またはこの使用価値の製造に社会的に必要な労働時間にほかならないのである[注15]」としている。よって、マルクスは社会的平均的労働量が、その財の価値量どころか、さらには使用価値の大きさまで規定しているかのように述べているのである。とするなら、マルクスの考えはスミスとリカードの考えのポイントをそのまま受け継いではいるが、随所で一歩踏み込んだ内容となっていることがわかる。また、この考えに従えば、労働の質ではなく労働の時間でのみ労働者の評価がなされることとなり、実際に生み出される生産物の量に違いがあっても、その点は考慮されないこととなる。よって、ここに不平等感を生み出す原因が存すると考えられる。

ところで、マルクスは「1クォーター小麦＝aツェントネル鉄[注16]」という等式が成立するのは、そこに両者が「同一大いさのある共通なものがある[注17]」からであるとしているが、ここにマルクスの（否、ほとんどの経済

学者の）誤りがあると考えられる。即ち、マルクスはこの等式をあたかも自然科学における「6÷3＝2」という等式と同様のものと解釈してしまったことに存する。しかし、人間社会における交換の「＝（等号）」が意味するのは、単に「交換が成立した」ことを示しているだけであり、そこに共通のある同量のものが内包されているから交換が成立したという意味内容を示すものではない、ということである。それは、自然科学で意味される2＝2という絶対同一を意味するのではなく、単に人間が合意し合ったから交換が成立したに過ぎない、その現実、事実を示す等号でしかないのである。勿論、交換が成立したということは、そこに何か共通の等しいものが存在するから成立したのである、と説明した方が何の根拠もないよりは説明し易いであろう。しかし、現実には共通の等量のあるものが存在すると思いたければ思えば良いし、存在しないと思えば、それでも良い。それらが存在しようと存在しまいと、人間の合意さえあれば交換は実現してしまうのである。現実に、人々はそう思ったり思わなかったりして、交換を行っているのである。これが現実の姿である。ここに、従来の価値論の根本的な誤りが存在する（現実には、それらが等量、つまり、その財

にはその価格の大きさがふさわしい、という社会的合意が形成されることによって、交換が実現されているとは考えられる)。スミス以来、今日に至るまで多くの人々がこの根本的な誤りに気付くことなく、価値論を展開してきたのではないだろうか。よって、経済学も、この誤った考えの上に成り立たしめられていたのではないだろうか。まさに、このことが今日の経済学の低迷につながっているものと考えられる。

　また、この価値創造についての考え方は、投下労働量が価値の大きさを規程するとしつつ、同時に使用価値の量を創造するのも労働である、という主張とが（勿論、人間労働が財の使用価値を創り出すのだが）混同され、あたかも、人間にとっての財の必要性の度合までが、人間労働の量に規程されているような錯覚を人々に与えだしたのである。このことは、人間労働の投下量が小さい財は、人間にとっての有益性も小さいもの、との考えを人々に植え付けていったものと考えられる。また、もしマルクスが使用価値の大きさも人間の投下労働量によってその大小が決められると認識していたなら、この考え方こそが社会や自然に引き起こされている今日の重大な問題の元凶となっていると考えられ、その罪はまことに

重いと考えられる。勿論、ベーム＝バーヴェルクの指摘したように、あくまでマルクスは考察の対象として「商品」を選んでいたのであるが[注18]、今やそうした限定は忘れさられ、あらゆる財がその使用価値の大きさまで人間労働の投下量の大きさで示されるかのように錯覚が拡大してしまっているのであり、以上のような人間の認識が、人間自身を危機に陥れていると考えられる。そして、マルクスは残念ながらそのことまでは見通すことはできなかったようである。

第2節　価格は何を示すか

　この時点で、まずマルクスの主張は成立し得ないことが判明する。なぜなら、彼の価値論では商品以外の財は考察の対象から外されているからである。自然科学において、提示した仮説が対象とする現象に一部でも当てはまらないなら、そもそもその仮説は採用されず、捨て去られるのが当たり前であるからである。にも拘らず、商品についてしか当てはまらない「価値論」による仮説は、考察する以前から破綻していたと考えられる。
　ところで、価格の決定は共通のあるもの、例えば「価

値」が存在しなければ決まらないものなのであろうか。このような共通のあるものを想定せざるをえなくなったのは、一物一価と等価交換を前提にしたからであろう。しかしこれらは人間行為をあたかも自然現象と同質に考えたからであり、人間の主観による行為であることを前提すれば、交換は一物多価でも不等価交換でも、成立かつ実現することとなる。なぜなら、人間の合意さえあれば、実現してしまうからである。そして、一物一価や等価交換を前提にしなければ、何か共通のあるものを想定する必要は無くなってしまうこととなる。当初の物々交換では、目的は異なった使用価値の獲得であるから、等価交換である必要はなく、互いの納得によって交換されていたと考えられる。従って、一物一価も必要ではないこととなる。

　それでは、財やサービスの価格はどのようにして決まるのであろう。現在では、財は貨幣によって購入される。つまり、財と貨幣が交換されているのである。このとき、財を提供する側は、少なくともかかった費用は回収したいと思うであろう。一方、需要側を突き動かす要因は、財つまり使用価値に対する欲求度となろう。とするなら、そこで成立する価格は、財の費用を下値としつつ、上値

は欲求度が大きければ天井知らずに上昇することとなろう。そして、折り合いが付いた価格の大きさで交換、つまり売買が成立することとなる。費用が下がれば、その分価格は下落可能となる。こうした需給のせめぎ合いが価格を決定する、という価格決定論は、現在広く受け入れられている考えである。また、商品のみならず、骨董品や美術品の価格決定についても、違和感なく説明されているのである。他方、労働価値説に立てば、骨董品や美術品については、説明は不可能となるのは明らかであろう。よって、何故、誤った考えに基づくマルクスの主張を受け入れる人々が存するのか、その理由がよくわからないのである。

　なお、近代経済学では需給が一致した均衡価格に向かって価格は変動し、成立後は需給条件の変化によって、再び異なった均衡価格に向かって変化していくとしているのである。よって、需給が一致して成立した価格で売買されたことをもって、等価交換としているのである。労働価値説のように、ある財には必ずその価値に見合った一つの価格が成立する、というような意味での等価交換ではないのである。価格は、需給条件で異なることが当たり前なのである。一物は一価ではなく多価なのであ

る。ということは交換において、財には定まった大きさの値打ちが存在する必要は全くなく、よって、そうした「価値」の」存在を前提し、「価値」の実在によって打ち立てられた「理論」は、当然誤りであると見なさざるを得ないこととなる。「価値」が実在すると考えるのは自由である。しかし、誤った概念である「価値」に基づいた論は、誤りなのである。なお、森嶋通夫氏は、マルクスのいう「価値」を「労働乗数」である、とされる［森嶋道夫『マルクスの経済学』（『森嶋通夫著作集』7）岩波書店、東京、2004年、4～5・22頁］。ただ、ここで「乗数」は「関数」の誤植ではないかと推測される。でなければ、意味合いに整合性が保てないからである。ところで、労働の投下量により生産の量の大小は、確かに決定される。しかし、かといって、このことによって「価値」の存在の有無について説明したことになっているかについては肯ぜられない。なぜなら、「不変の大きさとして定まる価値の性質」については、説明がないからである。

まとめ

　以上、労働価値説の根本的な誤りは人間の労働が、使用価値のみならず価値をも創り出す、と考えてしまったところに存すると考えられる。その原因は一物一価と等価交換という考えから、価値の実在という論に至ったからであろう。財の値打ちの大小は、そこに含まれる財の価値ではなく、あくまでその財にかかった費用の大きさと、その財への要求の大きさ、いうところの需要の大きさによって定まるだけであるということであろう。よって、需要と供給のせめぎ合いで、その値打ちの大きさが定まるのである。また、この搾取論は、労働価値説、つまり人間労働が商品の価値を生み出すのだ、という考えを前提にしている。従って、労働価値説が成り立たなければ、そもそも搾取論は成立し得ないこととなる。また、この搾取論に基づいて考え出された生産手段の公有化は、不必要なもの、つまり、公有化が搾取を是正する手段であるという考えは成立し得ないということとなろう。資本家の手に帰す利潤は、かかった費用に儲けの部分を上乗せした価格を設定することで、発生するに過ぎない。

従って、こうした仕組みが前提ならば、共産主義社会も不必要なものとなってしまうであろう。そもそも、この労働価値説は単なる「ドグマ」に過ぎないのでは、と考えられる。根本的な誤りは、人間社会で成立する事象につき、数学的な概念をそのまま当て嵌めて考察してしまったことに存すると考えられる。結果、等価交換、一物一価という態様が当然であると思い込んでしまったものと思われる。しかしよく考えると、例えば物々交換で取引が成立した時、成立し得たのは互いに持ち寄った財が等価である、つまりある等しい値打が各々に存在するから成立するのだ、という考え方は、誤っている。なぜなら、交換で求めているのは異なる財、つまり各々が持つ異なる使用価値であり、等しい価値量ではないのである。また、人間社会では、このような数学的な「等しい」という状況は全く必要ではないケースが多々存在する。そのような等価は必要ない、というのが基本的姿であるということである。つまり、物々交換が成立した時、互の人間が納得さえすればそれで良い、ということであり、そこに等価概念は必然ではないのである[注19]。よって、現実には取引が成立するためには、二つの財が等価である必要はないのである。取引に携わった人々が合意さえ

すれば、成立し得るのである。貨幣による交換においても、現実に全く同質同量の商品が、ある財は例えば100という価格で、別の時には110という価格で取引されるのは、日常的に行われているのである。つまり、商品の価格なるものは、その商品が有する価値の大きさを示すのではなく、単に売り手と買い手の相対によって、その合意によって決定されているに過ぎないのである。商品に有するのは使用価値＝有用性に過ぎない。

このように考えると、その商品の価格は先述したように、需要側の要求度の大きさと、供給側の生産コストを最底限度としつつ、さらなる利益の上積みをねらった売値との間で成立した大きさに他ならず、常に変動するものでしかないことがわかる。マルクスの誤りの根本は（実は、人間行為、例えば、社会についての行為についてのすべての学問に共通しているのだが）、人間の社会的行為と自然現象とを同質のものと捉えるところに存したと考えられる。結果、社会現象が人間の主観によって成り立っていることに気付けなくなってしまったと思われる。労働価値説、一物一価、等価交換という見方は、すべてこうした混同から引き出された概念と思われる。よって、これらは論の前提にする必要性は存しないこと

に気付くべきである。

　以上から、マルクスのいう搾取論は根底から成り立ちえず、よって生産の公有化のための共産主義という考えは、誤っていたことが、否、不必要であったことがわかる。現実に公営企業が非効率な経営を露呈し、次々と民営化に改められているのが、現実である。また、賃金の大きさは、もっと別の規範によって定まるものと見るべきであろう。

　こうした議論がなされてしまったもう一つの原因は、マルクスが資本主義制度の本質をつかんでいなかったことにも存すると考えられる。資本主義とは、市場経済と議会制民主主義制度を組み合わせた社会制度である。ところが、彼はこの認識が欠けていたため、資本主義全体を批判し、結果、共産主義という制度を考え出してしまったのである。本来は、彼が危惧する問題点は市場経済が引き出したものである。にもかかわらず、彼は資本主義制度全体を否定してしまったのである。よって、守られるべき議会制民主主義も否定して、グロテスクな全体主義制度を提言してしまったのである。このことから、科学的考察では、よほどに精緻な思考を前提にする必要であることが判明するのである。

注

1) マルクス著、エンゲルス編、向坂逸郎訳『資本論（二）』（全9冊）岩波文庫〈19〉、1969年、第1巻「資本の生産過程」第3篇「絶対的剰余価値の生産」第7章「剰余価値率」第1節「労働力の搾取度」(69頁)

2) 同書、70頁

3) 同書、70〜71頁

4) 同書、71頁

5) 拙著『貨幣帝国主義論』晃洋書房、2004年、京都、38〜51頁

6) ベーム・バーヴェルク著、木本幸造訳『マルクス体系の終結』未来社、1992年復刊、東京、31〜32・119〜120頁

7) リカードは、「商品、その交換価値、およびその相対価格を規定する法則を論ずる際には、われわれはつねに、人間の勤労の発揮によってその量を増加することができ、またその生産には競争が無制限に作用しているような商品だけを念頭におくことにする」[D・リカード著、小泉信三訳『経済学及び課税の原理』上巻、岩波文庫、1952年（下巻も同じ）、東京、19頁]としており、価値論においては、追加生産が可能な財を対象としていることが判明する。一方、マルクスは考察の対象の商品を「資本主義的生産様式の支配的である社会の富は、『巨大なる商品集積』として現われ、個々の商品はこの富の成素形態として現われる。したがって、われわれの研究は商品の分析をもって始まる」（マルクス著、エンゲルス編、向坂逸郎訳『資本論㈠』岩波文庫〈白125-1〉、1969年、67頁）としており、大量生産が可能な財が対象とされていることは明らかである。

8) マルクス著、エンゲルス編、向坂逸郎訳『資本論㈠』、岩

波文庫〈白125-1〉、1969年、68頁
9) 同書、70頁
10) 同書、71頁
11) 同書、73頁
12) 同書、73頁。ここで、ドグマの罠にはまったのが、マルクスである。彼は、「商品には、価値が存在する」というドグマに陥ってしまい、もはや修正することができなくなってしまっていた。なぜなら、その考えが、アダム・スミスやデビッド・リカードによって「交換価値という、財の値打ちの大きさを判断せしめる尺度」として提示された概念を、「価値＝値打ちそのもののおおきさ」と内容を飛躍させて理解してしまったのである。このドグマに依拠しつつ、「経済学」をうちたて、とくに、「剰余価値」という概念を引き出してしまい、結果、搾取論という架空の概念を創造してしまったと考えられる。
13) 同書、74頁
14) 同書、74頁
15) 同書、75頁。なお原文では「Es ist also nur clas Quantum gesellschaftlich notwendiger Arbeit oder die zur Herstellung eine Gebrauchswerts gesellschaftlich notwendige Arbeitszeit,welche seine Wertgrö Be bestimmt」となっている（Karl Marx "Das Kapital" Bd. I 1986、S.54.）。ここで、マルクスは何故Esと表記し、Gebrauchswerttoとしなかったのであろう。結果、Esは単にWertを指す可能性が存するのである（49頁）。従って、この文意が非常に曖昧になっているのではと考えられるのである。即ち、彼自身の自信のなさを示しているのではないだろうか。
16) 同書、71頁
17) 同書、71頁。なお、マルクスが、彼の労働価値説によって、

それまで不当に低く見られていた労働者を、正当に評価する考えを提示したことについては、高く評価されねばならない。

18) ベーム・バーヴェルク、同書、31頁。なお、労働価値説が正しいと主張するなら、価値の実在を何らかの方法で示すべきであろう。

価値の実存が示せる科学的手段は、帰納法で、四つの手段がある。J・S・ミルによれば、一致法、差異法、剰余法、共変法、一致差異併用法の五つあるが、うち、一致差異併用法は一致法、差異法と同じものとして、省いている［J・S・ミル著、大関将一、小林篤郎訳『論理学体系―論証と帰納―』Ⅲ、春秋社、昭和33（1958）年、東京、178頁］。

しかし、これらのツールを用いても、価値の実在は証明できない。以下、この五つのツールで、検討してみよう。

(1) まず一致法（類似法とも言う）につきミルは、「AがBとCと共に試行され、結果がabcであると想定せよ。次にAがBとCと共にではなく、DとEと共に試行され、そうして結果はadeであると想定せよ。このときは我々はbとcとはAの結果ではないと推測することができる」（ミル、同書、186頁）とする。また結論として、「第一準則」として、「研究しようとする現象を含んだ二つ以上の事例が、ただ一つの事情だけを共通にしているとき、すべての事例がそれにおいてのみ一致する事情は、与えられた現象の原因（又は結果）である（190〜191頁）」とする。

ただ事例が簡略であるため、寺沢恒信氏は、次のような説明を行う。

氏によれば類似法とは
「aという現象がそのもとでおこるようないくつかの事例を考察する。(ABC)、(ADE)、(AFG) という現象のグループのもとで、同じaという結果が生じたとすると、そ

れらを比較して共通の現象Ａを選びだし、「Ａがａの原因である」と推理する。この推理は蓋然的（おそらくそうであろうと思われるさま。対必然）である。すなわち、この結論は、確実だとはいえない」［寺沢恒信『形式論理学要説』清水弘文堂、昭和43（1968）年、東京、71〜75頁］とされる。

一方、近藤洋逸、好並英司著『論理学入門』（岩波書店、1979年、東京、165頁）では「一致法」とされている。そして、記号により内容を明記される。

（ABC）―abc
（ADE）―ade
（AFG）―afg
　　　　⋮
・・・・・・
A―a

この実例を示せば、

グループ１：鉄・木材・紙
グループ２：鉄・硫黄・燐
グループ３：鉄・プラスチック（合成樹脂）・天然樹脂

これら三つのグループの内には、各々に通電するものがある。共通するのは鉄である

よって、通電の性質があるのは、鉄だろう。
という推論である。

次にこれを「価値の存在（社会科学）」に適用して見よう。「ＡがＢとＣと共に試行され、結果がabcであると想定せよ。次にＡがＢとＣと共にではなく、ＤとＥと共に試行され、そうして結果はadeであると想定せよ。このときは我々はｂとｃとはＡの結果ではないと推測することができる（186頁）」とする、において、

- グループ1：交換に供された二つの財には、価値がある。交換に供された財は、二つとも奢侈品である。相手が交換に供するために所有している財が、互いに必要とする財である互いに相手が持つ必要とする財を所有している
- グループ2：交換に供された二つの財には、価値がある。交換に供された財は、一つが奢侈品でもう一つが生活必需品である。相手が交換に供するために所有している財が、互いに必要とする財である
- グループ3：交換に供された二つの財には、価値がある。交換に供された財は、両方とも生活必需品である。相手が交換に供するために所有している財が、互いに必要とする財である

として、今交換が成立した、とする。

ここで、三者に共通するのは「価値の存在」と「相手が交換に供するために所有している財が、互いに必要とする財である」である。しかし、提供されているのが財であるから、どのケースでも交換が成立してもおかしくはない。しかし、ここで「必然的に交換が成立する」という要素を加えると、単に財が供されても、交換が成立するとは限らない。また、両者の有する財に価値が存したとしても、また、たとえその価値の大きさが等しくとも、不必要な物なら、交換は成立しないだろう。よって、交換が成立する可能性があるのは、相手が交換に供するために所有している財が、互いに必要とする財である、というケースであろう。ただ、この場合でも交換に供された財は、その分量が問題となり、折り合わなければ交換は成立しないだろう。しかし、等量価値の存在や単なる財の存在では、そもそも交換の具体的な交渉すら行われないだろう。交換が行われる前提は、まずもって、互いに相手が持つ財が互いが必要とす

るものを所有している、というケースであろう。

　では、価値と財への必要性が両者とも不可欠の要素なのであろうか。いま仮に価値が存在すると仮定して、その価値量が交換される財同士、等しくないと交換は成立しないであろうか。そんなことはないだろう。相手の持つ財がどうしても欲しいなら、等価にこだわることなく、損をしてでも交換に応じるであろう。これが人間である。また、不必要な財なら、そもそも交換の交渉など、ありえないことである。

　以上から、交換に必ず必要な要素は、相手が交換に供するために所有している財が、互いに必要とする財である、というケースであろうと考えられる。とするなら、交換において「価値の存在」は何ら必要としない概念であることがわかる。

　また、財には、「一価」が定まる、という概念も、価値概念が不必要であるから、「等価概念」ともども、すべて不必要となるだろう。そもそも物々交換の当初は、大まかな数量の財同士が交換されていたであろう。よって、価値概念が生じたのは、貨幣の誕生と、価格の成立によるものであろう。つまり、当初から価値というものは、不必要であったと考えられるのである。ともかく、このように一致法は適用できない。

(2)次にミルの差異法で検討してみよう。

　「ABCの結果がabcで、BCの結果がbcならば、Aの結果がaであることは明白である」(191頁)。また「第二準則」は「研究しようとする現象の生起している事例と、その現象の生起していない事例とが、前者においてのみ生起している一つの事情を除いて、すべての事情を共通にしているならば、それにおいてのみ両事例が異なる事情は、その現

象の結果であるか、原因であるか、又は原因の欠くことのできない部分である」(193頁) である。

寺沢恒信氏は、差異法を「(A、B、C) という現象のグループのもとではaという結果が生じ、(B、C) という現象のグループではaという結果が生じないとすると、それらを比較して、「Aがaの原因である」と推理する。この推理も蓋然的である」(74頁) とされる。

なお、近藤洋逸・好並英司著『論理学入門』(岩波書店、1979年、東京) では、

(ABC) ─abc

(BC) ─bc

∴ A─a　という例が示されている。(166頁)

まず「鉄・木材・紙の内、鉄では通電の性質があるが、木材は通電しなかったし、紙でも通電しなかった」

よって、通電の性質があるのは、鉄だろう。

次に、これを「価値の存在」に適用して見よう。

交換が成立する状況については、

1. 相手が交換に供するために所有している財が、互いに必要とする財である、とき、交換の交渉までは進んだ
2. 交換に供された二つの財には、価値がある場合、交換の交渉さえ行われなかった
3. 交換に供された財は、二つとも奢侈品であるケースでは、出会って、所持する財を知ったならば、すぐに分かれてしまい、交換の交渉は行われなかった。ということになり、差異法は適用できない

(3)ミルの一致差異併用法では、

「現象の生ずる作動因が、ただ一つの前件から成る作動因ではなく、前件の結合から成る作動因であるとき」で「しかもこの前件の結合を解体し相互に分離して、一つ一

つ展示する力を我々が持っていないとき（ミル、同書199頁）」には、一致差異併用法を用いる。「この方法は、間接差異法もしくは、一致差異併用法と呼ぶことができよう」（201頁）とする。

「第三準則」（同書、202頁）として、「問題の現象が生起している二つ以上の事例が、ただ一つの事情のみを共通にしており、他方、その現象が生起していない二つ以上の事例が、その事情の不存在であることを除いて、何ものをも共通にしていないとき、この二組の事例がそれにおいてのみ異なる事情は、その現象の結果であるか、原因であるか、又は原因の欠くことのできない部分である」（間接差異法・一致差異併用法、同201頁）

寺沢同書、74頁では類似法と差異法の併用として、両者を併用すると、真実性の程度が高まるとし、近藤洋逸、好並英司著『論理学入門』（岩波書店、1979年、東京）では「一致差異併用法」（169頁）とし、

記号例では
（ABC）―abc　（BC）―bc
（ADE）―ade　（DE）―de
（AFG）―afg　（FG）―fg
・・・・・・
∴A―a
と説明されている。

ここで自然科学では、
- グループ1：鉄・木材・紙において、鉄では通電の性質があるが、木材は通電しなかったし、紙でも通電しなかった
- グループ2：鉄・硫黄・燐では、鉄では通電の性質があるが、硫黄は通電しなかったし、燐でも通電しなかった

- グループ3：鉄・プラスチック（合成樹脂）・天然樹脂のケースは、鉄では通電の性質があるが、プラスチック（合成樹脂）は通電しなかったし、天然樹脂でも通電しなかった
  よって、通電の性質があるのは、鉄だろう、と推測する。

社会現象の場合、

- グループ1：交換に供された二つの財には、価値がある。交換に供された財は、二つとも奢侈品である。相手が交換に供するために所有している財が、互いに必要とする財である互いに相手が持つ必要とする財を所有している
- グループ2：交換に供された二つの財には、価値がある。交換に供された財は、一つが奢侈品でもう一つが生活必需品である。相手が交換に供するために所有している財が、互いに必要とする財である
- グループ3：交換に供された二つの財には、価値がある。交換に供された財は、両方とも生活必需品である。相手が交換に供するために所有している財が、互いに必要とする財である

において、今交換が成立した、とする。

ここでの事例については、一致法で見たように、

1. 相手が交換に供するために所有している財が、互いに必要とする財である、とき、交換の交渉までは進んだ
2. 交換に供された二つの財には、価値がある場合、交換の交渉さえ行われなかった
3. 交換に供された財は、「二つとも奢侈品であるケース」では、出会って、所持する財が生活必需品ではないことを知ったならば、すぐに分かれてしまい、交換の交渉は行われなかった

という結果が考えられる。

ただ、グループ2の「一つが奢侈品でもう一つが生活必需品である」ケースでは、交換が成立することもあろうが、奢侈品よりは生活必需品を求めると考えられるから、交換は必然的に成立とは言えないだろう。

グループ3の「二つとも生活必需品」の場合には、興味がないことはないが、たとえ、必需品であってもよほどのことがない限り、交換はしないだろう。前提はその財が必要か否かである。勿論いずれの場合も、たまたま成立することは、当然考えられる。

以上、一致法と差異法を併用しても前提が変わらないから、結果に変化が生じるとは思われない。

(4) ミルの剰余法

「ABCの前件には、abcの後件が継起すると仮定せよ。以前の帰納によって（例えば差異法に基づいて）、これらの結果のある若干のものの原因を、又はこれらの原因のある若干のものの結果を確かめ、Aの結果はaで、Bの結果はbであることを知ったと仮定せよ。全体の現象からこれらの結果の総和を控除するとcが残る。このcは新しい実験に訴えずとも、Cの結果であることを知ることができる」「剰余法は実際には差異法の特殊な変形である」（ミル、同書、203頁）

「第四準則」として、

「ある現象から、以前の帰納によって、しかじかの前件の結果であるとしてすでに知られている部分を控除せよ。そのときは現象の剰余部分は、残余の前件の結果である」（205頁）。

寺沢恒信氏は、剰余法を残余法とされている。

「（A、B、C）という現象のグループのもとで（a、b、c）という結果が生じ、Aという単独の現象がaという結果を、

Bという単独の現象がbという結果を生じることをたしかめたとき、そのことから、『Cがcの原因である』と推理する。この推理も蓋然的である。

以上の方法はいずれも、因果関係がありそうだ、という蓋然的な結論しか与えない。因果関係を認識するためには、実践によってAという現象をつくりだした場合にaという結果が実際に生じることをたしかめる必要がある。

だが、Aという現象を人為的につくりだすことが困難な場合や、aという結果が実際におこっては困る場合もあるので、Aとaとのあいだに因果関係があることを確認するためにAという現象を実践によってつくりだすことができないこともある。このような場合には、蓋然的な結論で満足せざるをえない」（寺沢、同書、75頁）。

また、近藤洋逸、好並英司著『論理学概論』（岩波書店、1964年、東京）では「剰余法」とされている（172頁）。

AB―ab
A―a
∴ B―b

【自然現象】

鉄と木材において、通電するものとしないものがある。いま鉄は通電することが判明している。よって、通電しないものは、木材だろう。

【社会現象】

相手が交換に供するために所有している財が、互いに必要とする財である場合と、交換に供された二つの財には価値があると考えた、とした二つの場合に、交換が必ずと言ってよいくらい成立する場合と必ずしもそうでない場合が存する。このとき、相手が交換に供するために所有している財が、互いに必要とする財である場合には、交換が必ず

と言ってよいくらい成立することがわかっている。よって、交換に供された二つの財には、価値がある、としたときには、必ずしもそうでない場合と考えられる。

(5)共変法

ミルは、

以上の三つの帰納法（一致法、差異法、剰余法）では、「永続原因、いいかえれば壊滅不能の自然作動因についての法則」（ミル、同書、205頁）については、対処できない。自然作動因とは、物体が物理現象に及ぼす影響のこと、例えば、「振り子は、山が近くにあることによって、振動を妨げられる」（ミル、同書、206頁）という現象のことである。

このときは、p「前件におけるある変化」（ミル、前掲書、208頁）を利用する。即ち、「もし前件Aにおけるある変容が、常に後件aにおける変化を伴い、他の後件bとcとが同一のままに留まるならば」、「paは全面的にか部分的にか、Aの結果であるか、あるいは少なくともAと何らかの仕方で因果関係の連結をなしていると、安心して結論を下すことができよう」（ミル、同書、208～209頁）とする。この「方法は共変法と呼ぶことができる」（ミル、同書、211頁）。

この「第五準則」とは、

「ある他の現象がある特殊な仕方で変化する度毎に、何らかの仕方で変化する現象は、その他の現象の原因であるか、結果であるか、又は因果関係のある事実によって、これと連結している」（ミル、同書、211頁）である。

寺沢恒信氏では、比例的変化の方法と呼ばれている（同書、74～75頁）。

（A、B、C）という現象のグループの中で、A現象が量的

に変化するならば、それに応じてaという結果も量的に変化し、両者のあいだに比例関係が発見されるならば、「Aがaの原因である」と推理する。この推理の蓋然性はかなり高い。

例：同じ球を同じ初速度で平板の上をころがす。平板の面をだんだんなめらかにしていくと、球のころがる距離はだんだん長くなる。この事実から、「摩擦が、運動している球が止まる原因である」と推理する。

また、近藤洋逸、好並英司著『論理学入門』（岩波書店、1979年、東京）では「共変法」とされている（171頁）。

A↑─a↑
B↑─b↑
・・・・・・
∴A→a
　B→b
・・・・・・

【自然科学】
- ケース1：押す力が強くなるにしたがって、動く速度が速くなる
- ケース2：ストーブの燃やす燃料の量が増えると、室内温度が高くなる

【価値の存在（社会現象）】
- ケース1：交換に供された財が、互いの求める財への欲求度（必要度）が強いほど、交換の可能性は増加する
- ケース2：交換される財が、生活に対しての必要性が高いほど、交換の可能性は増加する
- ケース3：財の交換される財の価値が、等価に近いほど、交換の可能性は増加する
- ケース4：価値の存在の可能性が高まるほど、交換の可

能性は増加する
　　ここで、1〜3では、たまたま成立することがあっても、必ずは成立はしないだろう。
　　特に、3のケースでは、そうであろう。
　　以上のように、価値の存在は、証明できないのである。
19) ここに、マルクスが自分の共産主義思想を科学的としてみた原因が存するのでは、と考えられる。つまり、自身の考えがあたかも数学に依拠した自然科学と等質な「科学」であると考えてしまったことから、科学的社会主義と呼称してしまったのではないかと考えられる。また、こうした考えによって引き出された剰余価値、この剰余価値に気付いたことをもって、科学的社会主義という考えを信念を持って確信したものと思われる。

第3章

平等思想の誤り

序　文

　では何故このような共産主義思想が、この時期に登場したのであろう。

　共産主義思想の基本は、偏見や差別のない平等社会の実現を目指したことであった。自国内では、階級による格差が存し、諸国間ではエスノセントリズム（自民族中心主義）による対立が生じていた。従って、こうした偏見や対立を解消しようと言う考えが、当然提示されるようになってきたのである。そこでは、平等や公平・公正といった状況の実現が目指されたであろう。社会的不平等の打破ないし是正は正義である、という信念が存したのではと、推察できる[注1]。

　周知のように、マルクス、エンゲルスの考え以前に、サン・シモンやロバート・オーエン、フーリエ等の平等を求めたいわゆる社会主義思想が存した。が、すべて情緒的な考えであった。そこに、マルクス、エンゲルスのいわゆる科学的社会主義なる考えが提示されたこととなるのである。いわば、まことに時宜を得た提言であったといえるのである。

問題は、この科学的社会主義、つまり共産主義思想は、決して「科学的社会主義」ではなかったことであろう。その理由については、既に見たところである。なによりも問題なのは、マルクス自身が真の平等の概念につき、理解が不明確であったことであろう。ために、「結果としての平等」が真の平等であると人々を錯覚せしめてしまったことであろう。よって、ここで目指されている平等の中身が、結果としての平等であると捉えられてしまったことであろう。

　それでは、そもそも平等とはどのような状況を意味するのであろう。そこで、その内容を、辞書で見てみよう。新村出編『広辞苑』第六版（岩波書店、2008年、東京）によれば、平等とは「かたよりや差別がなく、すべてのものが一様で等しいこと。へいとう」（同書、2397頁）、公正とは「公平で邪曲（不正）のないこと。明白で正しいこと」（同書、947頁）、公平とは「かたよらず、えこひいきのないこと」（同書、963頁）となっている。次に、山田忠雄他編『新明解国語辞典』第七版（三省堂、2017年、東京都）によれば、「平等：（「平」も「等」も同じく、ひとしい意）その社会を構成するすべての人を差別無く待遇すること（様子）」（同書、1292頁）、「公正：

特定の人だけの利益を守るのではなく、だれに対しても公平に扱う様子」(同書、492頁)、「公平：(問題になっているものを)自分の好みや情実などで特別扱いをすることが無く、すべて同じように扱うこと(様子)」(同書、501頁)とされている。以上から、平等という言葉には「一様で等しいこと」と「かたよらず、えこひいきのない、つまり、公平・公正という意味合い」という二つの内容が含まれていることがわかる。つまり、対象事例に応じて、両者が成立する場合、どちらか一方が成立する場合をもって、「平等」としていることとなるであろう。

　例えば、二つともが成立するのは、同じ能力を持つ同年齢の男女が同時間内に成し遂げた同質同量の仕事に対する給与として、両者に時給1000円が支給された場合、男女にかかわらず同量の成果に対し同量の対価が与えられたことを意味するから、「かたよらず、えこひいきなく」かつ、「同じ量」のつまり、等しい量の給与が支給された、という「平等」が実現したことになっていることとなる。次に、同じ能力を持つ男女が、男は1時間、女は、2時間働いて、時間の長さに応じた成果を上げたとき、給与が女子の方に2倍支給されたなら、支給額に差があることが「公平・公正」であることとなるだろう。

かかる意味の「平等」が実現していることとなるであろう。逆に、もしこの時同じ金額の給与が支給されたなら、「等しい量の給与額」ではあるが、不公平、不公正な処置がなされており、不平等が生じていることとなるであろう。つまり、「量が等しい（平等）」であっても、内実は不平等そのものであるということである。では、マルクスはこのような内実をどのように理解していたのであろう。

　結果としての平等は、実態は不平等そのものでしかない。また、実現したとしても内容は、貧弱なものにならざるを得ない。なぜなら結果としての平等は、すべてを最低ラインに揃えることでしか実現不可能であるからである。

　もし給与を一番優れたものに合わせた金額を支給しようとしても、生産された財の量は支給金額に見合う量は存在しないから、等しく分配できなくなるであろう。なによりも、優秀な労働者は、不公平感をつのらせ、働く意欲を無くしていくであろう。結果、給与は最低ラインに納まっていくだろう。よって、人々は貧困の下での平等（実態は不平等）に苦しむこととならざるを得ないのである。

なによりも、この思想の根底には人間の根本的願望である「楽をしたい」という考えが前提されている。要は、怠惰に過ごせる方法を「平等」という一見「善＝正しい考え」に絡めて提唱してきたのが、これらの定言であろう。よって、根本的に誤った考えなのである。なぜなら、自分が楽をしたければ結局は他から得るしかなく、よって、政治体制は強権的なものとならざるを得ないのである。

　特に、人間とは何か、という基本的な問題点につき、ほとんど、否、全くと言っていいほど考察していなかったと考えられる。勿論、人間疎外論や物象化論といった全体としての人間の置かれた立場については、触れているが、あまりにも抽象的、一面的な視点であると思われる。

　人間は一括りにはできない。阻害されている、と思う人もいればそう思わない人もいる。人間には、様々な考えを有した人々が存在する。例えば、収入につきそれが低い時、ある人はそれでいい、満足だ、いや、もっと多く欲しい、満足はしていないが、諦めている、または、努力は嫌だ、など、様々な人がいる。それらを十把ひとからげで「こうしよう」という考えは、人間社会では成立しない。実現には、強い強制力が必要になる。つまり、独裁体制がどうしても必要になるのである。

ところで、マルクスが考えた社会の前提には、「差別のない平等な社会」という理想が存したと思われる。その根底には、おそらくユダヤ人差別の払拭が存したであろう。そのためには、現在のあらゆる制度を否定する必要があると述べている。いわゆるハルマゲドン思想である[注2]。また、彼は分配の量に多少があれば、それは不平等な分配であると考えていた（「はじめに」参照）、その不平等性は受け入れるべきだ、としていた。しかし、我慢させる手段については述べていない。ということは、彼は人間の本質については深い考察を行っていなかったのではないか、と疑われるのである。

第1節　マルクスの平等・自由の理解

　そこで、そもそもマルクスは、平等、さらに自由という概念をどのように理解していたのであろうかを見ておこう。この概念を正しく認識していなければ、理想とする「平等社会としての共産主義社会」を導き成立させることはできないこととなるであろう。むしろ、不平等な過酷な社会が成立せしめられる可能性が高いと考えられる。事実、現実に見る社会主義国家は、すべて欠陥だら

けの姿を呈している。

　平等と自由という概念については、マルクスが『ユダヤ人問題によせて』で触れているが、「自由という人権は、人間と人間との結合にもとづくものではなく、むしろ人間と人間との分離にもとづいている。それは、このような分離の権利であり、局限された個人の権利、自己に局限された個人の権利である。自由という人権の実際上の適用は、私的所有という人権である[注3]」としている。

　このように、具体像は何も示さず、限定した見解しか述べていない。ただ、この考えの前提にはフランス革命での人権宣言で述べられた「人間および公民の権利宣言」での「自由は、他人の権利を害しないことはすべてなしうるという、人間の機能である[注4]」という考えが存していたと思われる。しかし、この自由に対する考えは余りにも不明確であると考えられる。自由には、こうした制約と共に、自身の権利が平等に保障されることが、実現していなくてはならない。同時に、他人への侵害のみならず、自分自身をも害さないという制約もそこに入れなければならない。

　また、環境汚染などの行為は、人類全体への由々しき事態をもたらすから、自己中心的な考えは、やがて他の

人々の利益を大きく損なう行為を醸成してしまうことにつながるであろう。よって、自由行為の対象を人間を中心とすることは、余りにも視野が狭すぎると考えられるのである。

　さらに、平等という概念についても、人権宣言（1795年の憲法での）「平等とは、法律が保護するにせよ処罰するにせよ、すべての者にとって同一であるところに存する[注5]」という考えのもと、「自由の平等」つまり「各人が等しくそのような自立自存のモナド（単子）とみなされること[注6]」としており、この表現では結果としての平等を真の平等としているかのように読み取れるし、ではなく、機会（条件・評価）の平等が真の平等であるかのようにも、どちらにでも読み取れてしまうのである。よって、やはり浅いものとなっているのである。現実には、ケースによって、両者が存するであろう。

　事実、マルクスの平等に対する認識は、第一節でも少し触れたように、曖昧なものであったと思われる。ここで、平等とはどのようなことか、についてのマルクスの理解をより詳しく見ておこう。『ゴータ綱領批判』によれば、彼は共産主義の初期の段階つまり社会主義の段階では「能力に応じて働き、能力に応じて受け取る[注7]」こ

とになるとしており、収入の大きさを同一にすることが平等であるとは言っていない。ただここでは、「能力に応じて働いた」ことを測る尺度を「個人的労働時間[注8]」とし、それが「社会的労働日のうち彼が給付した部分、すなわち社会的労働日のうちの彼の持ち分である、とする。個々の生産者は、（共同の基金のための彼の労働＝税のことか、を控除したのち）これこれの量の労働を給付したという証書を社会から受け取り、それとちょうど等しい量の労働がついやされている消費手段を引き出す[注9]」とされており、各労働者の能力は、かれが実際に生み出した生産物量によって計られてはいないのである。従って、マルクスもこの分配は「内容においては不平等の権利である[注10]」としている。よってこの分配では、（労働の）能力に応じたものとはなっていないのである。とするなら、人々にこうした不平等を納得させる方法を提示する必要があるだろう。

一方、家族構成（既婚か否か、子供がいるか否か等）に応じてその収入を増減すれば、それも不平等になると考えている[注11]。よって、ここではマルクスは「結果が等しいこと」が平等としていることがわかる。一方、家族構成（既婚か否か、子供がいるか否か等）に応じてそ

の収入を増減すれば、「これらすべての欠陥を避けるためには、権利は平等であるよりも、むしろ不平等でなければならないだろう」（同書、38頁）としている。この表現は実に曖昧で、家族構成の違いを考慮するのかしないのか、判然としない。が、「ある者は他の者より事実上多く受けとり、ある者は他の者より富んでいる等々ということが生ずる」という一文から推測すれば、事情によっては、自身の労働で受け取る以上のものを受け取る者の存在を認めるべきだとしていると考えられ、それも不平等になると考えているようである（同書、37〜38頁）。しかし、果たしてこのような処置は「不平等」となるのであろうか。家族構成を見るということは、その人の立場、条件を十分配慮するということであるから、これは不平等ではなくより公平性を高めただけに過ぎない。むしろ、平等性が高められたものと考えられる。従って、マルクスの平等についての理解は、まだ確定したものではなかったのでは、と推察できるのである。なお、後の人はマルクスのこの考え、つまり「家族構成を配慮した収入の増減は不平等だ」を曲解し、「だから収入の大きさは同じでなければ不平等だ」と考えてしまったものと推測される。ここから、「結果の平等が真の平等で

ある」と誤って考え始めたものと思われる。

　しかし、果たしてこのような処置は「不平等」となるのであろうか。家族構成を見るということは、その人の立場、条件を十分配慮するということであるから、これは不平等ではなくより平等性を高めただけに過ぎない。この点、「公平の成立こそが真の平等である」と考えるなら、受取量に大小があることこそが実は平等なのだと主張するはずであろう。だが、その文面はない。従って、マルクスの平等についての理解はまだ確定したものではなかったのではと推察できるのである。

　また、エンゲルスは平等につき「人間が人間として平等であるというこのことから、すべての人間、あるいはすくなくとも一国家のすべての市民または一社会のすべての成員は、平等な政治的ないし社会的資格にたいする権利をもっている、という主張をみちびきだすことにある[注12]」としており、「あらゆる人間労働は、人間労働一般であるゆえに、またそうであるかぎりで平等であり、平等な資格をもつ[注13]」としており、部分的な事象についての言及にとどまっている。一方、自由について「ある特定の問題点についてのある人の判断がより自由であればあるほど、この判断の内容はそれだけ大きな必然性

をもって規定されているわけである[注14]」とされているだけである。

第２節　本来の平等・自由の内容

　ここで、平等や自由についての真の意味を考えてみよう。まず、平等については、すべて結果としての平等、つまり同一を求めると、あらゆる面で等しいことがその目的となってしまうであろう。さすれば、男女差さえ否定することにつながるであろう。現実に今日そのように主張する人々が存在する。

　ただここでは「法の下での平等」や「自由が平等に付与される」という意味での自由とされているから、平等の対象が限定されている。しかし、現実には真の平等であるべき事項が存在するであろう。

　真の平等とは、結果としての平等ではなく、行為を成す時の条件の平等と、その結果を評価する場合分け隔てなく行うという平等であろう。結果としての平等ほど不平等なものはない。勿論、ケースによっては結果が等しくなることが平等であることが存することは、既に見たところである。

法の下での平等とは、このような条件と評価の平等がそのまま当てはまっている事例であろう。例えば、今貧しい人が犯罪を犯したとき、何故その人が貧しい状態にあるのかを、正しく見ることからはじめる必要があるだろう。

　その人が努力していたのに、たまたま不幸、不運が重なってそのようになったのか、怠惰であるが故に必然的にそうであることとは区別する必要があるであろう。そうしなければ、本当の意味での判決は下せないであろう。また、貧しい人がいたとして、その人に援助しようとするときも、同じことであろう。

　そうしなければ、本当の意味での援助にはならないであろう。怠惰な人への援助は、資金ではなく、怠け心を是正するカリキュラムであろう。今一度確認しておくと、平等の本来の意味は、結果を等しくすることではなく、その人が努力する時の条件と、努力の結果を評価する時、正しくなすことであり、条件の違いを見逃したり、そうした状況で評価したり、また、依怙贔屓などして不平等であってはならない、ということであろう。援助は、そうした配慮の上でなすべきであろう。よって、真の平等の内実とは、結果としての平等では勿論なく、行為を成

す時の権利と条件が平等であること、つまり、そうした平等をあまねく受ける権利が保障されていること、および、その結果を評価する場合に分け隔てなく行われること、そうした評価を受ける権利が平等に保障されていること、これが真の平等であろう。したがって、「結果の平等」が成立するケースも、前提として条件と評価の平等がまず成立していなければならないだろう。結果としての平等が実現していることは、無理矢理同一になることを強制された人々が、不自由と不平等に喘いでいるケースがあり、逆に、真の平等はこうした評価が自由に行えることによってこそ、成立するものであろう。

　次に、真の自由は、こうした本来の平等が成立してはじめて実現するであろう。真の平等はこうした評価が自由に行えることによってこそ成立するものであろう。つまり、正しい評価がなされるという自由が、成立しているからである。また、自己保存と種の存続が平等的平穏的に実現可能な自由が、保証されていなければならない。J・S・ミルが主張した「言論・出版の自由」や、行動経済学で重視される「リバタリアン・パターナリズム」の考えは、人間にとっての基本的価値観に沿うものと思われる[注15]。よってそこでは、個人的利益に関わる自由は、

それが種の存続に抵触するなら、制限されることとなろう。利他行為は、制限されることがあってはならない。正しい評価とは、まさに「自己保存と種の存続が公平・平等のもと平穏的に実現しているか否か」によって定まるであろう。従って、共産主義社会が成立すれば、平等な社会とは真逆の社会が人々を苦しめることとなるだろう。

まとめ

ところで、他人への施しは、自身が努力してまず自立していることが前提である。つまり、自身が努力する人間であることが援助の前提であろう。その時、他の人々も努力家なら、自身の不足する点を他の人々が補ってくれる可能性が存する。つまり、助け合いの社会を実現するためには、怠惰な人々の意識をまず変え、努力家に育てておくことが先決であるのであり、よって、マルクスのように単に社会、経済制度を変革するだけでは、決して「平等社会」は成立し得ないのである。

現在、いわゆる人権派と呼ばれる人々は、困っている人がおればすぐにでも助けようとし、かつ、多くの人々は現在の資本主義体制を否定的に見ることから、対極と

しての社会主義にぼんやりとではあるが、憧れをもっているのである。しかし、これらの人々は先に見た本当の自由・平等とはどのような状況なのか、本来の援助とはどのようなものでどうすれば本当に実現するのかにつき、深く考えていないのではないだろうか。結果、多くの軋轢を生み出すことに加担していると考えられる。このような、背筋の寒くなるような状況が広がっているのである。我々はこうした傾向に強い警鐘を鳴らしていく必要があるだろう。単なる同情的な感情は、百害あって一利なしであろう。つまり、自身をも奈落の底に陥れる可能性が大きいのである。以上から、共産主義という制度では真の自由と平等は実現できないのである。

　なお、こうした真の平等や真の自由を実現させるためには、人間一人ひとりが資質を高めなければならない。人間は自己保存のため、まず利己的利益を実現しようとする。しかしそれでは互いの利害が対立し、いつまでも争いが絶えることはない。よって、人間の共通の目的である種の存続を図るべく行為するようにせねばならない。よって、そのためには自己利を抑制し、人間共通の利益とは何かを自覚し、その利益の実現のための能力を培っておくことが求められる。その手段は、家庭での「躾」

と社会による教育であろう。また、多数決の原理は、個人的利益が強く反映される制度であることからも、まず「利他行為」の重要性に気付かせる教育が重要となるであろう。

注
1) 廣松渉他編『岩波哲学・思想事典』岩波書店、1998年、東京、685・893頁
2) エンゲルスは自身の一文『黙示録』において次のように述べる。「不可思議なこの書は、いまやまったく明瞭である。『ヨハネ』は（中略）ネロの復帰と、（中略）彼のもとにおける恐怖政治を予言する。この期間のあとで神が立ち上がり、ネロつまり反キリストを打ち倒し、大いなる都を火で滅ぼし、一〇〇〇年間悪魔を縛りつける。千年王国が始まる、等々。これらすべてのことはいまはもういっさいの関心を失ってしまった。最後の審判の日をいまもなお数えているかも知れない無知の人たちを除けば。しかし、この書は、彼らの仲間のひとりによって描かれた、ほとんど原始に近いキリスト教についての、信頼するに足る絵姿として、新約聖書中の残りのすべての書をひっくるめてくらべてみても、なおかつより多くの価値をもつものである」［エンゲルス著、川口浩訳『黙示録』（大内兵衛監訳『マルクス＝エンゲルス全集』第21巻）大月書店、1971年、東京、15頁］としている。またこの戦いは「時が近づいている、これらすべてはすぐにおこるであろう」（同書、13頁）と、ヨハネは述べているとも記している。エンゲルスがわざわざこうした一文を認めていることは、

共産主義を神に見立てて、まさに弁証法的に科学的社会主義たる共産主義が、諸悪の根源たる資本主義を暴力的に打ち倒すべきだ、否そうならざるを得ないと信じていたことの、一つの証ではないかと考えられる。(但し、マルクスは、彼がユダヤ人であったことを慮れば、共産主義が倒すべき対象は、神＝宗教とネロ＝資本主義の両者であったであろうと思われる)。よって、「共産主義者は、これまでの一切の社会秩序を強力的に転覆することによってのみ自己の目的が達成されることを公然と宣言する」[マルクス、エンゲルス著、大内兵衛、向坂逸郎訳『共産党宣言』岩波文庫、昭和26 (1951) 年、昭和39 (1964) 年第22版、87頁] とし、よって、「家族の廃止＝ブルジョア的家族、これのどこが悪いのか」(同書、63頁)、「共産主義革命は、伝統的所有諸関係とのもっとも根本的な決裂である」(同書、67頁) と、転覆させる秩序につき宣言する。そのためには、「労働者革命の第一歩はプロレタリア階級を支配階級にまで高めること、民主主義を闘いとることである」(同書、68頁) として、さらに「公然たる革命となって爆発する点までたっした。こうしてブルジョア階級を強力的に崩壊させ、それによってプロレタリア階級がその支配を打ちたてるときがきたのである」(同書、55頁) としている。ここから、暴力革命という方法論が導出される。また、マルクス自身も「アイヒマンの訓令」において「万一反革命的な当局が、この治安委員会の設立や、その職務の執行を暴力で妨害しようとするならば、暴力にたいしてはあらゆる種類の暴力で対抗しなければならない」と、暴力を肯定しているのである [マルクス「アイヒマンの訓令」(大内兵衛監訳『マルクス＝エンゲルス全集』第6巻) 大月書店、1961年、東京、31頁]。

3) マルクス著、城塚登訳『ユダヤ人問題によせて・ヘーゲル

法哲学批判序説』岩波文庫、1974年、1990年第20版、東京、43〜44頁
4) 同書、42頁
5) 同書、45頁。なお、平等概念については、「はじめに」の注20を参照
6) 同書、45頁
7) マルクスは「個々の生産者は、彼が社会にあたえたのときっかり同じだけのものを—あの諸控除をすませたあと—とりもどすのである」とされている（マルクス著、望月清司訳『ゴータ綱領批判』岩波文庫〈白126-4〉、1975年、東京、35頁）
8) 同書、35頁
9) 同書、35〜36頁
10) 同書、37頁
11) 同書、37〜38頁
12) エンゲルス「反デューリング論」（大内兵衛監訳『マルクス＝エンゲルス全集』第20巻）大月書店、1968年、東京、107頁
13) 同書、109頁
14) 同書、118頁
15) J・S・ミル著、塩尻公明、木村健康訳『自由論』岩波文庫〈白116-6〉、1971年、東京、35頁。大垣昌夫、田中沙織著『行動経済学—伝統的経済学との統合による新しい経済学を目指して』新版、有斐閣、2018年、東京、248〜249頁

おわりに

『科学的探究の方法』(濱田嘉昭著、放送大学教育振興会)によれば、問題が、偶然性や選択性が強い場合、「その状況を統計や確率などの手段を使って把握し、あるいは、全体をシステム(体系)として扱い、解を求めるために様々な仮説を立て、意志決定を行いながら進めてゆく[注1]」とされている。つまり、マルクスの考えた共産主義社会必然の予想は、全く「ドグマ」として提言されたにすぎず、何ら科学的探求の手続を経たものでなかったことが伺えるのである。マルクスは「科学的社会主義」を標榜しながら、非科学的なプロセスによって導出していると考えられる。共産主義を必然と見なす根拠は、物事の発展は弁証法的に行われる、というだけの理由にしか基づいていない。しかし、その弁証法的発展についての分析は、今見たようにまことに粗削りな論であり、自身にとり都合の良い発展結果を単に述べたに過ぎない。たとえ、物事が弁証法的に発展するとしても(勿論弁証法が実存的存在である、という仮定を前提としての話で

あるが)、そこで提示されるテーゼやアンチテーゼが何故生産関係と生産力に集約化されるのか、あるいは、関係の中身を何故支配と被支配の関係のみに集約化できるのか、何故、アンチテーゼを生産力のみに限定できるのか、等についての論理的な説明はほとんど何も示されていない。そこで示されるのは、人間は生物であるから、生活に必要な財の入手が第一の目的となる。よって、財を生み出すか、生産力の拡大が常に求められる、という理由付けである。この考えは、まさに演繹的な接近過程であろう。しかし、ここで問題にされるのは、単に「力」の拡大、つまり量的な拡大のみである。人間は常に財の質も追い求めている、という点が欠落している。とするなら、この推論過程は弁証法としてはその過程に沿ったものとなっていたとしても、演繹的推論過程としては非常に粗雑なものに終始していることが判明する。また、財の私的所有という面での支配と被支配についても、共同体での協同を考える必要があるという側面が欠落していることである。つまり、人間の種の存続にかかわる「利他行為」が、他面では必ず必要、存在せねばならないという面をも考慮する必要があるということである。マルクスの支配側への徹底した非難の姿勢が、つまり、

共産主義思想が、こうした利他的考えを木っ端微塵に破壊せしめてしまい、全く考慮できなくなってしまっているのが現実である。つまり、たとえ弁証法的に考えるとしても、思考の前提には十分な仮定の吟味がなされていることがまず要求されるし、そもそも弁証法そのものを、もっと厳密に検討しておく必要があるだろう。

例えば、弁証法では様々な考えが存し、一つの解釈として、「正反合というトリアーデで事物は変化する」とされることがある。ここでの一般的な説明では、「正はその内部に包摂する反と対立し、やがて両者が統一された合となる」とされる。ここでは、「正と反が対立する」と簡単に言われるが、何故対立せねばならないのか、対立とは何をもってそのように見なすのか、対立するとして、いかなる形をとるのか、時間的な経過はどのようなものなのか、対立の過程の具体像はいかなるものか、挙げれば切りはない。しかし、この様な具体像には言及はない。しかも、そもそもヘーゲルは、「正と反が対立する」とは言ってはおらず、「正が反対極のものに変質する」としているのである。正を即自的存在とし反を正とは反対の対自的存在、合を即且対自とした場合、正と反が対立するのではなくて、正がまず反に変化し、さらに

それを否定することで合になる、という説明でなければならない。また、この説明では、いかなる理由によって反は正と対立する運動を開始するのであろうか。そのことについては語られない。いわば自動的に対立状態に入る（自己展開）とされていると考えられる（この点だけは、ヘーゲルと同じである）。ということは、もし対立が生じるとしても、反を対立に動かしめる第三の要因があるのかもしれない。いわば新説を述べているのである。よって、論理的にまず説明する必要があるだろう。時間を前提するから、常なる変化は当然としても、何故変化するのか、つまり何故反は正を変化せしめるのか、そもそも何故正は反を内包せざるを得ないのか、等につき合理的な説明をすべきであろう。これらの内容を明確にする手段こそ、アブダクション（仮説演繹法）や、帰納、演繹、類推というツールなのである。一部では、これらが使用されているものの、まことに浅い推論の段階で詰論を出していると懸念されるのである。

　ここで人間社会の変化を体系的な、否構造的なものとして捉え、かつ、そこに弁証法的な変化を行うもの、として捉えたとしても、構造的に見れば体系そのものが変化していくことと見なさなければならない[注2]。そこで、

不変部分を財の獲得＝自己保存と種の存続が目的、とするなら、財の量的質的拡大を実現するのは、その手段は大きく変化し、もともとは単なる生産技術の進化がその手段であったに過ぎなかったが、今や「貨幣」こそがその根本的な実現手段となっており（つまり、より多くの貨幣の獲得のため、常に生産の拡大が目指されることとなる）、このような側面を考慮に入れるとするなら、共産主義（社会主義）といった生産手段の共有、公有は生産性の向上のためには全く誤った手段であり、しかも、公有には強権が必要となるから、益々生産拡大への意欲が低下する制度とならざるを得ず、よって、共産主義が必然であろうはずはなくなってしまうのである。また、ポッパーの言う反証可能という側面から見るなら、共産主義社会という経済社会制度そのものの考えは反証可能であるが、共産主義が原始共産制を否定した姿であるとか、価値や剰余価値の存在といった提言は、反証不可能であることは明らかであろう。とするなら、マルクスの提言は、全体として科学としては成り立たなくなるであろう。

　一方、共産主義思想の発生は、人間社会にとり必然的なものであった。なぜなら、人間は怠惰な存在である。

従って、できれば楽をして生活したいと願うものである。また、何かの時のためのセーフティーネットも求めるであろう。そうした思いから、現実に実現されることを願って様々な考えを巡らすこととなるだろう。時あたかも人間の思考力が進展し、自然や社会に対する認識がある程度の深まりを見せてきた時代（17～19世紀）、このような共産主義思想が登場したのである。ここでの考えは、まさしく先の二つの願望を満たすものであろう。少々怠けても、あるいは万が一の時でも、漏れなく必要物が分け与えられるのである。しかも、平等にである。まことに安心なシステムである。しかも、こうした制度は、現在の理不尽な支配被支配の関係を打破する為の制度である、という大義名分に裏打ちされているのである。いわば、願ったりかなったりの体を装っていたのである。問題は、共産主義が思いつかれたこの時期では、自然にせよ社会にせよ、まだまだ認識の内容は浅いものであったということだろう。結果、内容は思いつきの段階にすぎず、現実社会に導入されると当初の意図とはかけ離れた状況をもたらしたのである。よって、この制度は多くの国では導入が否定され、あるいは導入後捨て去られた。ただ、現在の資本主義制度は様々な欠陥を有しているた

め、資本主義に代わる別の制度を常に求めているような状況にある。そして欠陥を克服した新しい制度ではないかとして、再び共産主義思想に憧れだしたのである。そのほうが、手っ取り早くて楽だからである。よって、このような安易な考えではなく、怠け心を克服しつつ、かつ、失業や環境破壊を防ぎつつ、貨幣の獲得の極大化のみを目指さない、他利的な行為の普遍化を目指す、さらにセーフティーネットをも備えた新しい経済制度を思索していく必要があると考えられる。

　最後に、人間社会が弁証法的に変化するとして、共産主義は必然という結論が導き出せるのかにつき、演繹的、帰納法的手段で見ていこう。様々な点において、マルクスやマルクス主義者が主張してきた共産主義は必然であるという考えは肯定できないと考えられた。それでは、何故現代の一部の人々は未だに共産主義に憧れを持つのであろうか。恐らく、そうした人々の多くは物事を情緒的に考え、論理的には考えていないからではないかと思われる。では、論理的思考のツールは何であろう。基本は、論理学で提示される帰納や演繹といった推論にかかわるものであろう。さらに、パースは「アブダクション」という推論形式を追加している。ここで一番基本的

なツールは「演繹」であろう。演繹による推論形式は次のようなものである。それは、1. 大前提、2. 小前提により、3. 結論を導出するというものである。例をあげると、1. 人間は、いずれ必ず死ぬ、2. 筆者は人間である、3. よって筆者は必ず死ぬ という推論形式である。

一方、帰納とは幾つかのグループのうち、共通するものを見出して新しい傾向や性質を見つけ出す推論である[注3]。帰納法的な推論では、人間社会での主要な傾向は人間社会以外の社会において、同じ様な傾向が存在するかを見る必要がある。しかし、今のところ事例を列挙できない。よって、帰納法的には推論することはできない。

つぎに、マルクスの言う共産主義を、演繹形式でその必然性につき推論してみよう。

1. すべての社会経済体制は、弁証法的な姿で必ず変化する
2. 資本主義は社会経済体制の一つである
3. 従って、資本主義社会は弁証法的に必ず変化する

次いで、

1. 弁証法的変化とは、
   イ. 量から質への変化
   ロ. らせん状の発展（否定の否定という変化）

ハ. 対立物の統一としての発展、という形式をとる
　　　（ただし、この理解が正しいことが前提される）
2. 資本主義は弁証法的に変化する
3. 従って、資本主義は、
　　イ. 量から質への変化
　　ロ. らせん状の発展（否定の否定という変化）
　　ハ. 対立物の統一としての発展
　　に従って変化する

そして、
1. らせん状的発展とは、似かよった現象が再び出現することである
2. 人間社会はらせん状的発展をする
3. よって、人間社会には似かよった現象が出現する

また、
1. 人間社会はもともと無階級の原始共産制社会であった（ただし、この理解が正しいことが前提とされる）
2. 資本主義社会は、もともと無階級社会の原始共産制社会から発展した
3. よって、資本主義社会は、無陛級社会の原始の姿になり得る

さらに、
1. 無階級社会の原始共産制社会は、らせん状発展により再び無階級社会としての新しい共産主義社会へと生まれ変わる
2. 資本主義社会は、もともとは無階級の原始共産制社会であった
3. よって、資本主義社会はらせん状発展により再び無階級社会としての新しい共産主義という社会に生まれ変わる、とし、しかも再び無階級社会としての新しい共産主義という社会に変化するのは、弁証法によれば必然である

と主張して、このような一連の演繹推理によって導出されたものと思われる。

しかし、現実社会を見ると、こうした一連の推理によって、必然を早めるためとして暴力によって成立せしめられた共産主義国家・ソ連邦は、成立後何故か約70年で崩壊してしまった。しかも、実際の社会では、無階級どころか、はなはだしい格差が存在せしめられることとなった。とするなら、演繹推論の簡略形式、つまり、

1. すべての社会経済体制は、弁証法的に変化する
2. 資本主義体制は社会経済体例である

3. よって、資本主義は弁証法的に変化する

という推論において、肝腎の結論が誤っていたのである。これは事実である。ところが、共産主義にぼんやりとした憧れを持つ人々は、「条件が異なれば、理想の社会が成立するのだ」として、事実を客観的に検討しようとはしない。ともかく、このような事実が、つまり、言うところの共産主義社会が成立しなかったということは、演繹推理での過程で、何かが誤っていたものと思われる。よって、大前提や小前提での「平叙文」に誤りがあった可能性が高い。そして、既に述べたように、弁証法という考え方そのものが、そもそも確立されたものではないことや、「生産手段の公有」という考えを導出した「搾取論」が、単なるドグマに過ぎなかったからであろうと考えられることや、言葉の意味の曖昧さといった基本的な欠陥を見れば、そこに誤謬が存することは当然のこととなるだろう。いずれにせよ、マルクス、エンゲルスが考え出した共産主義という経済社会体制は、理想の経済社会体制ではないことは勿論、そもそも必然的に生じるような社会体制ではなかったことが明らかになったであろうことは明白である。従って、なによりもまずは弁証法そのものの再検討が不可欠であることが、再確認でき

るのである。

　共産主義という社会経済制度はソ連においてはじめて導入されたが、ハイエクは、その著『隷属への道』において、共産主義や社会主義のような「『結果の平等』は自由を破壊する[注4]」ことや、私有財産の否定こそが、自由と平等を破壊する[注5]、と指摘している。また、ヒットラーが率いたナチズムとは、国家社会主義（覇権主義的市場経済）であり[注6]、この社会がどのような結果をもたらしたかは、まさに我々がよく知るところであろう。

　また、M・ポランニーは、共産主義（社会主義）が成立した時大きな危機を抱いていた。彼は『暗黙知の次元』で、社会主義国では、「知識のために知識を追求するという科学の正当性を否定していた[注7]」として、そこではもはや通常の創発は望めないと考えていた。つまり、科学というものが、特定の目的にのみに研究されるという状況では、本来の科学の持つ発展性など望めないとしているのである。即ち、人間は自身が認知できる知識と閾下知覚（それを暗黙知[注8]という）という無意識下で認識している知識が存する。我々の知識の発達には過去の知識の集約のみでは説明しきれない飛躍的発展が存する。それを創発というが、過去からの集積された暗黙知

がまさに創発そのものであろうとしているのである[注9]。いわば、こうした科学の発達の基礎的条件を社会主義は否定していると見なしているからである。よって、このことは、経済体制そのものがうまく機能しない原因にもつながることとなるだろう。なぜなら、暴力的に過去の経済制度を否定して単に頭の中で構築した新しい経済制度を適用しても、そこには断絶が存するから、多くの暗黙知は消し去られることとなる。よって、人間が過去から積み上げてきた英知はそこで消滅せしめられてしまうこととなり、望ましい経済体制が築けるはずがないこととなるであろう。

　共産主義思想での決定的な誤りは、そこに反証不能な「ドグマ」が混入していることであろう。まず、弁証法の議論では、「概念が自己の力で自己展開する」「さらに、その概念と対立し、矛盾関係にあたる対立概念に自力で変化し」、「かつ、再び自力で、元の概念に、しかも、内容が高められた姿でそれを示す」という、まさにドグマが語られているのである。次に価値論では、まさに「財には価値が存在する」というドグマが前提され、価格論や経済学そのものが語られるのである。しかも、価格論では検討の対象は「商品」のみであり、財どころか「生

産物一般や、サービス」にさえ及んでいないのである。自然科学では、このような対象とする現象全体的に及ばない、つまり、説明できない仮説は、そもそも未完成のものとして研究の対象とはなりえない。なぜなら、そこには何か誤りが存するから、説明が不可能なのだろうと考えるからである。また、「自由」や「平等」という概念についても、概念の内容に「ドグマ」が潜んでいると思われる。例えば「結果としての平等」は、まさに「不平等」そのものを現実化させるから、ドグマどころか誤謬に他ならず、また、自由とは、先に見たように「局限された個人の権利、自己に局限された個人の権利である。自由という人権の実際上の適用は、私的所有という人権である」としており、この説明でも自由の意味の僅かな部分についてしか述べていない。よって、基本はドグマなのである。自由の本質は、「自己保存と種の存続を、平等的平穏的に実現することに抵触するものであってはならない」という内包でなければならないだろう。よって、明らかに共産主義思想は誤りと考えられるのである。

　また、共産主義体制が独裁体制になるのは必然である。なぜなら、共産主義は人間が営んできた今までの経済社会体制を無理やり変えることによって成立せしめられる

制度であるから、何らかの強権の行使が必須となる。さらに制度そのものに、例えば国有企業といった人為的なものが求められる。よってここでも強権を発令しなければ目的は達せられない。このように多くの場合に強制力が必要になり、よって権力側に立つものはそれを利用して自己利益を求めることにならざるを得ないこととなるだろう。共産主義制度は、万人が賢人であることを前提とした仕組みなのである。

にもかかわらず、今日のように共産主義や社会主義を是とする風潮が存するのは、戦後展開されたフランクフルト学派による影響が大きいのではと考えられる。フランクフルト学派については、既に田中英道氏が指摘されたところであるが[注10]、いずれにせよ、高等教育機関を中心に、フランクフルト学派の考え方が全世界で広がっているのが現実である。結果、高等教育を受けた多くの人々が共産主義思想を受け入れる考えに育っていったものと考えられる。なぜなら純粋な若者は、高等教育を担う人々への疑念を持つことはなかなか難しいからである。しかし、このような傾向は今後の人間社会に危機をもたらす可能性が存すると思われる。多くの人々が怠惰に暮らすようになった社会を想像すれば予想できるだろう。

従って、ともかく共産主義という思想は望ましい社会経済制度でもなければ、必然的に到来する制度でもないことをこそ、強く確認する必要があるのである。

最後に本書出版にあたり御世話になった山下徹氏、および編集作業を頂いた諸氏に厚く御礼申し上げる。

　　　　　　　令和7年1月吉日　美馬佑造

注
1) 濱田嘉昭著『科学的探究の方法』放送大学教育振興会、2011年、東京122頁
2) クロード・レヴィ=ストロース著、大橋保夫編『構造・神話・労働―クロード・レヴィ=ストロース日本講演集』みすず書房、1979年、東京
3) 帰納とは演繹での大前提、小前提、結論という順序を、小前提、結論、大前提の順序で、アブダクションは、大前提、結論、小前提の順序の推論形式であるとされることもある（米盛裕二著『アブダクション―仮説と発見の論理―』勁草書房、2007年、101頁）。以上は、実はパース自身がそのように解説したのであるが［パース著、上山春平、山下正男訳『論文集 パース「Ⅱ 記号論の哲学的基礎」第四章「人間記号論の試み；二．すべての精神作用は推論である」』（中公バックス、上山春平責任編集『世界の名著59―パース　ジェ

イムズ　デューイ』1980年、東京、132〜141頁]、ただ、彼の論では帰納そのものの推論の過程ではなく、帰納法で導出した結論の確認過程でのそれであるに過ぎない点を留意すべきである。

4) ハイエク著、西山千明訳『隷従への道』ハイエク全集Ⅰ—別巻、春秋社、1992年、東京、101頁

5) 同書、134頁

6) 同書、224〜225頁

7) M・ポランニー著、高橋勇夫訳『暗黙知の次元』ちくま学芸文庫〈ホ-10-1〉、2003年、2018年第15刷、96頁

8) 同書、23〜26頁

9) 同書、145頁

10) 田中英道著『戦後日本を狂わせたOSS「日本計画」—二段階革命理論と憲法—』展転社、平成23（2011）年7月、平成28（2016）年第6刷、東京。なお、宮本勝浩氏の『移行経済の理論』[中央経済社、平成16（2004）年、東京] によれば、計画経済の非能率性が、数学モデルによって、推測されている。移行期とは、計画経済を中止し、自由な市場経済へと転換する期間のことを意味している。ここでは、直接的には計画経済を扱っていないが、移行期での国有企業と誕生した私企業の動向を見ることで、国有企業の生産性の低い状況が示される。例えば、「国有企業はボーナス（を）獲得するために生産を高めるよりも、低いノルマを得るような努力をする傾向があ」（同書、100頁）り、「移行期の企業は古い社会主義計画経済システムの体質を温存し、不確実性が高まれば国家が保証する安定的な生産や収益を確保できる道へ逃避し、リスクや不確実性のある競争的経営方針を避けようとする傾向がある」（同書、122頁）ことを、明らかにされている。

参考文献

石川幹人著「有訓無訓―「文系」「理系」の選択は疑問 医療・技術情報を読み解く 科学リテラシーの向上を―」日経BP「日経ビジネス」No.2054＝2020年8月24日

井尻正二著『弁証法をどう学ぶか』大月書店、1991年、東京

E・V・イリエンコフ著、花崎皋平訳『資本論の弁証法』合同出版、1972年、東京

岩崎武雄著『辯證法―その批判と展開―』東大学術叢書、1954年、東京

岩崎允胤著『人間と社会の弁証法―社会科学の認識論―』梓出版社、1984年、千葉

内山勝利編『ソクラテス以前哲学者断片集』第Ⅰ分冊、岩波書店、1996年、2008年第5刷、東京

内山勝利編『ソクラテス以前哲学者断片集』第Ⅱ分冊、岩波書店、1997年、2008年第3刷、東京

エンゲルス著、菅原仰訳『自然の弁証法 1』国民文庫、1970年

エンゲルス著、菅原仰訳『自然の弁証法 2』国民文庫、1970年

エンゲルス著、大内兵衛訳『空想より科学へ―社会主義の発展―』岩波文庫、昭和21（1946）年、東京

エンゲルス著「反デューリング論」（大内兵衛監訳『マルクス＝エンゲルス全集』第20巻）大月書店、1968年、東京

エンゲルス著、真下信一、宮本十蔵訳「シェリングと啓示―自由な哲学にたいする最近の反動的企画への批判―」〔大内兵衛監訳『エンゲルス初期著作集』（大内兵衛監訳『マルクス＝エンゲルス全集』第41巻）〕大月書店、1973年、東京

エンゲルス著、村田陽一訳『家族、私有財産および国家の起源』（大内兵衛他監訳『マルクス＝エンゲルス全集』21巻）大月書店、1971年、東京

エンゲルス著、マルクス＝エンゲルス8巻選集翻訳委員会訳「ルートヴィヒ・フォイエルバッハとドイツ古典哲学」（『マルクス＝エンゲルス選集』第8巻）大月書店、1974年、東京

大垣昌夫・田中沙織著『行動経済学―伝統的経済学との統合による新しい経済学を目指して』新版、有斐閣、2018年、東京

加藤尚武責任編集『哲学の歴史 7 18―19世紀～理性の劇場―カントとドイツ観念論』中央公論新社、2007年、東京

加藤尚武他編『ヘーゲル事典』弘文堂、平成4（1992）年、東京

姜尚暉著『ヘーゲル大論理学精解』上巻、ミネルヴァ書房、1984年、京都

カント著、篠田英雄訳『純粋理性批判　上』岩波文庫〈青625-3〉、1961年、東京

カント著、篠田英雄訳『純粋理性批判　中』岩波文庫〈青625-4〉、1961年、東京

経済学辞典編集委員会編『大月経済学辞典』大月書店、1979年、東京

佐藤優著『共産主義を読みとく―いまこそ廣松渉を読み直す「エンゲルス論」ノート』世界書院、2011年、東京

篠田英朗著「橋下徹氏に見る憲法学通説の病理」飛鳥新社「月刊Hanada」2022年7月号、東京

マーティン・ジェイ著、荒川幾男訳『弁証法的想像力―フランクフルト学派と社会研究所の歴史1923-1950―』みすず書房、1975年、東京

社会科学辞典編集委員会編『社会科学辞典』新日本出版社、1978年、東京

スターリン著、マルクス＝レーニン主義研究所訳『弁証法的唯物論と史的唯物論』国民文庫〈205〉、1953年、東京

武谷三男著『武谷三男著作集 1　弁証法の諸問題』、勁草書房、1968年、東京

田中英道著『戦後日本を狂わせたOSS「日本計画」—二段階革命理論と憲法—』展転社、平成23（2011）年、東京

寺沢恒信著『弁証法的論理学試論』大月書店、1957年、東京

中埜肇著『弁証法—自由な思考のために—』中公新書〈322〉、1973年、東京

新村出編『広辞苑』第六版、岩波書店、2008年、東京

新村出編『広辞苑』第七版、岩波書店、2018年、東京

パース著、上山春平、山下正男訳『論文集 パース「II 記号論の哲学的基礎」第四章「人間記号論の試み；二．すべての精神作用は推論である」』、（中公バックス、上山春平責任編集『世界の名著59—パース　ジェイムズ　デューイ』）1980年、東京

ベーム・バーヴェルク著、木本幸造訳『マルクス体系の終結』未来社、1969年、東京

ハイエク著、西山千明訳『隷従への道』（ハイエク全集I—別巻）春秋社、1992年、東京

濱田嘉昭著『科学的探究の方法』放送大学教育振興会、2011年、東京

林健太郎著『史学概論（新版）』有斐閣、1970年、東京

廣松渉他編『岩波哲学・思想事典』岩波書店、1998年、東京

廣松渉著『科学哲学』（『廣松渉著作集』第三巻）第七章「現代物理的自然観と認識論矛盾律の不成立」岩波書店、1997年、東京

廣松渉著『弁証法の論理』（『廣松渉著作集』第二巻）岩波書店、1996年、東京

プラトン著、藤沢令夫訳『国家（下）』岩波文庫〈青601-8〉、2008年改版、東京

プラトン著、藤沢令夫訳『パイドロス』岩波文庫〈青601-5〉、1967年、東京

プラトン著「パルメニデス」（山本光雄編『プラトン全集』2）角川

書店、1974年、東京
(G.W.F) ヘーゲル著、松富弘志他訳『近代自然法批判』世界書院、1995年、東京
ヘーゲル著、松村一人訳『改訳 小論理学』上巻、岩波文庫〈青629-1〉、1951年、東京
ヘーゲル著、松村一人訳『改訳 小論理学』下巻、岩波文庫、1952年、東京
ヘーゲル著、真下信一、宮本十蔵訳『小論理学』(『ヘーゲル全集』第1巻) 岩波書店、1996年、東京
ヘーゲル著、武市健人訳『大論理学』上巻の一(『ヘーゲル全集』第6巻a) 岩波書店、1956年、東京
ヘーゲル著、武市健人訳『大論理学』上巻の二(『ヘーゲル全集』第6巻b) 岩波書店、1994年、東京
ヘーゲル著、武市健人訳『大論理学』中巻(『ヘーゲル全集』第7巻) 岩波書店、1994年、東京
ヘーゲル著、武市健人訳『大論理学』下巻(『ヘーゲル全集』第8巻) 岩波書店、1995年、東京
ヘーゲル著、上妻精、佐藤康邦、やまだ忠彰訳『法の哲学』上巻(『ヘーゲル全集』第9巻a) 岩波書店、2000年、東京
ヘーゲル著、武市健人訳『改訳 哲学史』上巻(『ヘーゲル全集』第11巻) 岩波書店、1974年、東京
ヘーゲル著、武市健人訳『哲学史』中巻の一(『ヘーゲル全集』第12巻) 岩波書店、1974年、東京
ヘーゲル論理学研究会編『ヘーゲル大論理学、概念論の研究』大月書店、1991年、東京
K・ポッパー著、武田弘道訳『自由社会の哲学とその論敵』世界思想社、1973年、大阪
M・ポランニー著、高橋勇夫訳『暗黙知の次元』ちくま学芸文庫〈ホ 10-1〉、2003年12月、2018年6月第15刷、96頁、東京

マルクス著、武田隆夫他訳『経済学批判』岩波文庫〈白125-0〉、1956年、東京

マルクス著「アイヒマンの訓令」大内兵衛監訳『マルクス=エンゲルス全集—1848～1849』第6巻、大月書店、1961年、東京

マルクス著、岡崎次郎訳『資本論』Ⅰ-b（大内兵衛監訳『マルクス=エンゲルス全集』第23巻b）大月書店、1965年、東京

マルクス著、望月清司訳『ゴータ綱領批判』岩波文庫〈白126-4〉、1975年、東京

マルクス著、向坂逸郎訳『資本論㈠』（全9冊）岩波文庫〈白125-1〉、1969年、東京、第2版の後書

マルクス著、真下信一訳「ヘーゲル弁証法と哲学一般との批判」［マルクス著、大内兵衛監訳『マルクス初期著作集』（『マルクス=エンゲルス全集』第40巻）］大月書店、1975年、東京

マルクス著、村田陽一訳『モーガン「古代社会」摘要』（大内兵衛監訳『マルクス=エンゲルス全集』補巻4）大月書店、1977年、東京

マルクス著、城塚登訳『ユダヤ人問題によせて・ヘーゲル法哲学批判序説』岩波文庫、1974年、1990年第20版、東京

マルクス、エンゲルス著、大内兵衛他訳『共産党宣言』岩波文庫〈白124-5〉、1951年、東京

マルクス、エンゲルス著、大内兵衛他監訳『マルクス=エンゲルス全集』第19巻、大月書店、1969年、東京

三浦つとむ『弁証法はどういう科学か』講談社現代新書、昭和43（1968）年、東京

見田石介著、ヘーゲル論理学研究会編『ヘーゲル大論理学研究』第1巻、大月書店、1979年、東京

拙著（美馬佑造）『入門日本商業史』晃洋書房、2003年、京都

拙著（美馬佑造）『貨幣帝国主義論』晃洋書房、2004年、京都

拙著（美馬佑造）「再考 K・ポランニーの貨幣論」大阪府立大学

「経済研究」第62巻第1・2号、2017年11月

宮本勝浩著『移行経済の理論』中央経済社、2004年、東京

J・S・ミル著、塩尻公明、木村健康訳『自由論』岩波文庫〈34-116-6〉、1971年、東京

毛沢東著、松村一人、竹内実訳『実践論・矛盾論』岩波文庫〈青231-1〉、1957年、東京

森宏一編集『哲学辞典』青木書店、1971年、東京

山口祐弘著『ヘーゲル哲学の思惟方法―弁証法の根源と課題―』学術叢書、2007年、東京

山田忠雄他編『新明解国語辞典』第七版、三省堂、2017年、東京

高桑純夫訳者代表『世界の大思想―9 スピノザ』河出書房、1966年、東京、「解説」(桂寿一担当)

ライプニッツ著、清水富雄、竹田篤司、飯塚勝久訳『モナドロジー・形而上学叙説』中公クラシックス〈W41〉、2005年、東京

D・リカード著、羽鳥拓也、吉澤芳樹訳『経済学および課税の原理』上巻、岩波文庫〈白109-1〉、1987年、東京

D・リカード著、羽鳥拓也、吉澤芳樹訳『経済学および課税の原理』下巻、岩波文庫〈白109-2〉、1987年、東京

レーニン著、松村一人訳『哲学ノート』上巻、岩波文庫〈白134-7〉、1975年、東京

レーニン著、松村一人訳『哲学ノート』下巻、岩波文庫〈白134-8〉、1975年、東京

索 引

◆配列は50音順。また、『 』は書名を表す。なお、この索引は単語を機械的に網羅するものではなく、内容面に踏み込んで構成している。挙げられている頁数以外にも言葉は出現しているので留意すること。

●あ行

アキレスと亀 42
頭で立っている 58
新しい論理学 70
アトム 41
アブダクション（仮説演繹法） 135, 138, 147
アンチテーゼ 133
アンチノミー（二律背反） 65
暗黙知 9, 143
閾下知覚 143
移行経済 148
維持する 46
一者と多者の論 47
一致差異併用法 102
一致法（類似法とも言う） 98
一物一価 89, 92, 94
一物には一価が定まる 81
一物一価（論） 8, 94
一物多価 89
一様で等しいこと 114
意味論 62
意味論的な解釈 30
因果関係 106, 107
有無の統一 51, 60
依怙贔屓 124
エスノセントリズム（自民族中心主義） 112

演繹 36, 135
演繹推理 141
演繹推論 141
演繹的 138
エンチクロペディ 34, 35
終らせる 46

●か行

階級対立 4
概念 40
概念の自己展開と有無の統一 68
価格 8, 87, 88
価格が高い財には大きな価値 81
価格の大小 81
科学（的） 4, 15, 136, 143
科学的社会主義（の入門書） 12, 13, 16, 112, 113, 132
革新側 4
家族構成 120
家族の廃止 129
かたよらず、えこひいきのない、つまり、公平・公正という意味合い 114
価値 8, 81, 91, 92, 136
価値論 86, 87, 144
貨幣 94, 138
環境汚染 118
観念的 44

機会（条件・評価）の平等 119
議会制民主主義 95
企業の国有化 8
稀少性のある財 83
規定性 54
帰納 139
帰納法的 138
詭弁術 65
客観的 44
客観的弁証法 57
共産主義（社会主義）136
共産主義国家・ソ連邦 141
共産主義思想 1, 6, 112
共産主義社会 1, 2, 10, 11, 14, 80, 93, 117
共産主義社会のより高度の段階 15
共産主義制度に修正 5
共産主義の初期の状況を社会主義という 83, 119
『共産党宣言』 22
協同 133
共変法 107
強力的（強制的・暴力的）11
均衡価格 90
近代経済学 90
偶然性 66, 132
空想（的社会主義）家 12
空想的社会主義 16
計画経済 148
結果が同じである 9
結果としての平等 113, 115, 145
結果の平等 125
結果の平等が真の平等である 121
結果を評価する場合分け隔てなく行うという平等 123
『経済学批判』 10
結論 64
牽引 47
原始共産制（社会）1, 10, 136
現象は内部の運動による 39
合 134
交換 8, 12, 86, 89, 93
交換価値 84
交換価値という、財の値打ちの大きさを判断せしめる尺度 97
交換が成立した 86
交換される財 8
高次の理性的運動 45
向自有 45, 54
構造的 135
『ゴータ綱領批判』 14
高等教育 146
行動経済学 125
公平・公正 112
国有企業 80, 83
個人的労働時間 120
個人的労働力 84
悟性 44, 53
国家社会主義（覇権主義的市場経済）143
骨董品 90

●さ行
差異法 98, 101
財と貨幣が交換 89
財には価値が存在する 144
財の獲得＝自己保存と種の存続が

目的 136
財の私的所有 133
搾取（論） 2, 5, 8, 16, 19, 80, 82, 83, 92, 95, 142
始元 50, 56
始元の有 46
自己中心的 118
自己展開 37, 51, 68
自己内還帰＝自己展開 37
自己内の矛盾 54
自己保存 127
自己保存と種の存続が平等的平穏的に実現可能な自由 125
自己保存と種の存続を、平等的平穏的に実現することに抵触するものであってはならない 145
市場経済 18, 95
システム（体系） 132
躾 127
私的所有 118, 145
史的唯物論 17
自然 38, 57
自然科学 86, 88, 145
自然現象 94
自然法論文 38
質から量への推移 47
失業 138
実在的 44
実相 40
実存主義 33
支配階級 129
支配被支配の関係 137
資本家 92

資本主義 19
資本主義社会 1
資本主義全体 95
『資本論』 10, 58
社会科学 25
社会現象 94
社会主義（思想） 112, 146
社会主義農業 13
社会的行為 94
社会的平均労働力 84
社会的労働日 120
社会法則 24
私有財産の否定 143
自由 117, 145
宗教観 53
「自由社会」は一般的には「開かれた社会」と訳されている 70
充足理由律 41
主観的 44
主観的弁証法 57
需給が一致し 90
種の存続 127
需要側 89, 94
純粋無 55
純粋（な）有 51, 55
純粋有と純粋無は同じもの 55
『純粋理性批判』 64
止揚 41, 46
使用価値＝有用性 94
使用価値に対する欲求度 89
条件 121
条件と評価の平等 124
条件の違い 124

条件の平等　123
乗数　91
小前提　139, 142
情緒的　112, 138
商品　83, 84, 88, 92, 94, 144
剰余価値　80, 82
剰余労働　82
剰余労働時間　82
『小論理学』　45, 51
新共産主義社会　5
人権派　126
人権宣言　118
真の自由　125
真の自由と平等　127
真の平等　2, 9, 113
『新約聖書』　9, 20, 128
真理　66
人倫＝人間　36
『推測と反駁』　69
数学モデル　148
成　46, 51, 54
正義　112
生産　5, 12, 92, 136, 142
生産関係　133
生産の公有化　95
生産力　19
『精神現象学』　34
正と反の対立による自己展開　59
性善説　15
制度　9
正反合　134
セーフティーネット　137
絶対的に対立するものへの移行　38, 41

絶対的理念　50
絶対同一　86
善　116
選択性　132
線分の比喩　39
相続権　14
創発　143
即且対自　134
即自　43
即自、対自（向自）、即且対自　45
即自的　52
即自的存在　134
ソ連　4, 143
存在論　66

●た行
第一準則　98
体系的　135
第五準則　107
第三準則　103
対自的存在　134
大前提　139, 142
怠惰　116
第二準則　101
第四準則　105
対立物の統一としての発展　140
対立物への移行　37
大量生産が可能な財　96
『大論理学』　34, 45, 50, 54
対話の形式　76
対話・問答法　31, 40
多数決の原理　128
「正しい」とはいかなる意味を指すのか　25

単なる論理学ではなく、存在論および認識論と三位一体的な統一態をなすもの 30
知識人 4
中華人民共和国 18
抽象的に人間的な労働 84
直観 59
強い強制力 116
ディアレクティケー 31
提言 136
定有 45, 52, 54
テーゼ 133
哲学観 53
哲学的思考のいちじるしい粗雑化 62
転化の法則 57
ドイツ観念論 32
等価交換 8, 81, 90, 92, 94
投下労働量 87
等号（＝）81
独裁体制 116, 145
ドグマ 1, 77
土地所有 13
トリアーデ 134

● な行
人間行為 94
人間行為をあたかも自然現象と同質に考えた 89
人間社会 86, 93
人間疎外論 116
人間の思惟（作用）13
人間の存在意味 25
人間の本質 117

人間労働 87, 122
認識 45, 119
認識方法 61
認識論 66
熱量という外部から与えられた要因 50
能力に応じて働き、能力に応じて受け取る 23
上り道と下り道は同じ一つのものである 42

● は行
パラドックス 42
ハルマゲドン（思想）5
反革命 129
反証可能 136
反証不可能 136
汎神論 53
美術品 90
必要労働時間 82
非マルクス主義的社会主義 27
平等 9, 112, 113, 117, 122, 126
平等社会 1
平等という概念 119
平等とは結果を等しくすること 19
平等な労働強制 14
貧富の格差 28
不確定性原理 30
物象化論 116
物々交換 89, 93
不平等 115, 117, 121
普遍、特殊、個別 76
不変部分 136

フランクフルト学派 146
フランス革命 118
古い社会主義計画経済システム 148
ブルジョアジー 12
プロレタリアート 12
プロレタリア階級 11
『分析論前書 分析論後書』 64
分配 2
平叙文 142
ヘーゲルの講義録 33
ヘーゲルの言う弁証法 60
弁証術 64
弁証法 1, 8, 12, 16, 30, 31, 35, 44, 50, 54, 56, 59, 132, 134, 142
弁証法(ディアレクティケ)という言葉ほど、曖昧なものはない 62
弁証法的(つまり、常なる変化・発展) 17, 139
弁証法的三幅対 69
弁証法的発展 132
弁証法的変化 60
弁証法的認識 56
弁証法的唯物論 17
弁証法的論理学 67, 68
弁証法の意味内容 60
弁証論 64
封建遺制 6
法則 49
『法の哲学』 34
法の下での平等 123
保存する 46
没価値的 26

没規定的 46
本質 66
本性 49

●ま行

マルキスト 9, 11
マルクス(の)経済学 81, 83
マルクス主義(者) 13, 17, 138
マルクスの平等 119
水が氷になったり水蒸気になったりする 50
ミルの一致差異併用法 102
ミルの剰余法 105
無 45, 51, 54, 55
無階級 140, 141
無規定(性) 51, 55
無規定の純粋無 55
無規定の純粋有 55
無限者 45
矛盾の原理 41
矛盾は解消される 72
矛盾律 30
無は形式的には無であり、内容的には有 75
命題 37, 53
モナド(単子) 41, 119
問答 40

●や行

止めさせる 46
唯物史観 11
唯物論(的) 16, 17, 59
有 45, 51, 55
有限者 45

有限的な或る物 45
有と無の統一 46
有の否定＝止揚による無への移行 60
有は形式的には有であり、内容的には無 75
有、無、成 46, 51
有論 49
ユダヤ人差別の払拭 117
揚棄 54
欲求 41
『ヨハネの黙示録』 20

● ら行

らせん状の発展（否定の否定という変化） 139
理（ことわり、ロゴス） 40
利潤 92
利潤追求 21
理性主義 33
理性の運動のあり方 61
利他行為 126, 128, 133
利他的 134
リバタリアン・パターナリズム 125
量から質への転化 57
量から質への転化の事例 50
量から質への変化 139
量子 68
量子論 68
量的な拡大 133
量的変化が存さなくとも質的に異なる化学物質が存する 50
類似法 98
類似法と差異法の併用 103
累進課税 13
類推 135
歴史の発展は法則に従う 11
労働価値説 1, 5, 8, 80, 81, 83, 90, 92, 94
労働時間 14
労働乗数 91
労働能力 15
労働の時間でのみ労働者の評価がなされる 85
ロシア・マルクス主義 4
論証 31, 36
（量と質の）論は前後撞着だ 50
論理の自己展開 72

美馬 佑造（みま・ゆうぞう）

1944年　奈良県生駒市生まれ
1976年　大阪府立大学（現大阪公立大学）経済学研究科
　　　　博士後期課程単位取得満期退学
元大阪商業大学総合経営学部教授
2025年3月　肺癌にて死去

主要業績
『入門 日本商業史』（晃洋書房　2003年）
『貨幣帝国主義論』（晃洋書房　2004年）
『近世畿内在払制度の研究』（松籟社　2006年）
『躾は何故必要なのか』（晃洋書房　2020年）
『入門 社会「科学」方法論』（晃洋書房　2023年）
『続 入門 社会「科学」方法論』（晃洋書房　2024年）

共産主義は必然なのか（改訂版）

令和7年4月29日　第1刷発行

著　　者　美馬佑造
発 行 者　赤堀正卓
発行・発売　株式会社産経新聞出版
　〒100-8077 東京都千代田区大手町1-7-2産経新聞社8階
　電話 03-3242-9930　ＦＡＸ 03-3243-0573
印刷・製本　株式会社シナノ

ⓒYuzo Mima 2025, Printed in Japan
ISBN978-4-86306-194-1 C3033

定価はカバーに表示してあります。
乱丁・落丁本はお取替えいたします。
本書の無断転載を禁じます。